一日一首古诗词

秋

陈光远 陈秉志/编著

【秋风浩荡 明月千古】

中国经济出版社
CHINA ECONOMIC PUBLISHING HOUSE
·北京·

图书在版编目（CIP）数据

一日一首古诗词．秋／陈光远，陈秉志编著．--北京：中国经济出版社，2023.2

ISBN 978-7-5136-6851-4

Ⅰ.①一… Ⅱ.①陈… ②陈… Ⅲ.①古典诗歌-诗歌欣赏-中国 Ⅳ.①I207.2

中国版本图书馆 CIP 数据核字（2022）第 045137 号

责任编辑 贺 静
责任印制 马小宾
封面设计 任燕飞工作室

出版发行 中国经济出版社
印 刷 者 北京力信诚印刷有限公司
经 销 者 各地新华书店
开 本 710mm×1000mm 1/16
印 张 12.75
字 数 176 千字
版 次 2023 年 2 月第 1 版
印 次 2023 年 2 月第 1 次
定 价 49.00 元
广告经营许可证 京西工商广字第 8179 号

中国经济出版社 **网址** www.economyph.com **社址** 北京市东城区安定门外大街 58 号 **邮编** 100011
本版图书如存在印装质量问题，请与本社销售中心联系调换（联系电话：010-57512564）

总序

不学诗　无以言

时光清浅起伏，品读诗词之美，体味风雨苍茫。有人说："我们曾如此渴望命运的波澜，到最后才发现，人生最曼妙的风景，竟是内心的淡定与从容。"每个人或轰轰烈烈，或失意潦倒，都是一场修行，每个人都会尝遍酸甜苦辣，体味喜怒哀乐，最后才留下百味人生。诗人、词人亦是如此，他们对时代、对生活、对生命、对自然爱之炽烈，念之强烈，痛之剧烈，往往比哲学家体会更灵敏，表达更直接。他们把路过的每一段漆黑长夜、闻过的每一缕沁人花香、记忆中的每一段甜蜜欢笑、生活中的每一份纯真期盼，都糅进了华美的诗词之中。

无门慧开禅师有言："春有百花秋有月，夏有凉风冬有雪，若无闲事挂心头，便是人间好时节！"四时轮回、一季一景、不慕浮华、不负流年、心怀阳光、细嗅远芳。"腹有诗书气自华"，读瑰丽绚烂、清新畅美的诗词可以培养我们健康的生活情趣和积极乐观的生活态度。这些诗词与诗词背后的社会生活，既是杰出文人思想文化之精髓，也是中国传统文化的重要里程碑。这些极为丰富的诗词遗产，犹如天空的星、地上的河，可以闪亮照明，可以滋润生命，世代相传，经久不衰，至今仍然能震撼读者的心灵、点燃生命的激情。

品读诗词可以明心志。诗词中有文天祥留给我们“人生自古谁无死，留取丹心照汗青”的浩然正气；有李白留给我们“长风破浪会有时，直挂云帆济沧海”的乐观积极；有王安石留给我们“不畏浮云遮望眼，自缘身在最高层”的高瞻远瞩；有于谦留给我们“粉骨碎身浑不怕，要留清白在人间”的无畏豪迈。这些行云流水、字字珠玑的文字都是深入内心世界的力量和价值。

品读诗词可以知事理。白居易的“野火烧不尽，春风吹又生”蕴含着新事物是不可战胜的道理；苏轼的“不识庐山真面目，只缘身在此山中”蕴含着看问题的角度和出发点不同而结果迥异的道理；朱熹的“等闲识得东风面，万紫千红总是春”蕴含着圣人之道可催发生机、点燃万物的道理；陆游的“纸上得来终觉浅，绝知此事要躬行”蕴含着实践是认识之唯一来源的道理。诗词中蕴藏的哲理，自然可以起到自省、警世、启发、鼓舞的作用。

品读诗词可以思兴废。韩愈的“一封朝奏九重天，夕贬潮州路八千”是一段唐朝佛教迅猛发展的历史；岑参的“遥怜故园菊，应傍战场开”是一段大唐王朝群雄割据、山河满目疮痍的历史；文天祥的“梅花南北路，风雨湿征衣”是一段崖山之战、南宋灭亡的历史；夏完淳的“三年羁旅客，今日又南冠”是一段南明抗清、惨遭失败的历史。一字一词都是文人笔下跳跃的心弦和峥嵘的岁月。

品读诗词可以鉴审美。品读王维“大漠孤烟直，长河落日圆”的意境，在雄浑的景色中情感得以熏陶、净化、升华；触摸杜甫“星垂平野阔，月涌大江流”的画卷，在宏阔孤寂的江边，看见非凡宁静、壮阔静谧的自然；沉吟秦观“小园几许，收尽春光。有桃花红，李花白，菜花黄”的欢快，体味那种春日绚丽的色彩和热闹的气氛；欣赏“天苍苍，野茫茫，风吹草低见牛羊”的壮美，感受阴山巍峨、草原辽阔、浪漫祥和的游牧生活。诗词中的春兰夏荷、秋菊冬梅、一草一木、一山一水、一字一词、一唱一吟，都是通过独具匠心的艺术手法刺激读者产生联想和共鸣，达到言尽意无穷、心至思无涯的效果。

“江山代有才人出，各领风骚数百年。”历史上，杰出的诗人词人们群星璀璨，流派众多，风格各异，多姿多彩，创造出了无数的优美名篇，其行其文令人高山仰止。岁月悠悠，大浪淘沙，优秀的诗词历久弥新，熠熠生辉。若能站在岁月的肩膀上进入诗词文学殿堂，反复阅读、欣赏、吟咏、感悟这些诗词，就是跨越时间和空间的界限，与古代文人对话，让心与心更近，让情与景相融。感受历史的沧桑，感受时代的脉搏，感受文字之美、韵律之美、意境之美，感受文化品格、人文精神、民族国粹。从中知荣辱、辨是非、明事理、懂得失，从中提升审美情趣，滋润自我心灵，丰富文化素养，构建人格精神。

子曰：“不学《诗》，无以言。”孔子赞叹的是《诗》的日常之用和辞章之美。子曰：“《诗》可以兴，可以观，可以群，可以怨。”孔子感叹的是《诗》对人和社会的强大教化功能以及广泛而深刻的影响力。像一切文学艺术一样，诗词来自社会生活，是社会和时代的缩影。如今，当我们读到“白日放歌须纵酒，青春作伴好还乡”时，还能感受到杜甫按捺不住的内心狂喜；读到“东边日出西边雨，道是无晴却有晴”时，还能体味到少女情有独钟的羞涩心情；读到“秋草独寻人去后，寒林空见日斜时”时，还能触摸到诗人孑然孤独的落寞心境；读到“故园东望路漫漫，双袖龙钟泪不干”时，还能感叹游子眷念家乡的无限深情。

中国是一个诗词的国度。中华民族五千年的悠久历史，孕育了底蕴深厚的民族文化，流传千古的诗词作为中华文化的重要载体，无疑是民族文化的瑰宝。结合时代的发展、阅读习惯的变化、知识面的扩充，依据清代蘅塘退士选编的《唐诗三百首》、上彊村民选编的《宋词三百首》，本套丛书选取360首经典诗词进行分析欣赏，涵盖汉魏、两晋、南北朝、唐代、五代、宋代、元代、明代、清代时期140余位诗人词人的不朽篇章，绝大多数是古代诗词之精华，也是历来公认的传世名篇，希望能让读者更全面、更系统地欣赏到中国诗词文化博大精深的内涵。

书中以农历月历时间为主线，配合二十四节气时序，再辅以月圆月缺、创作时间、诗词意境、朝代顺序等进行统筹编排，在春风夏雨、秋月冬雪中每日一首，每日一赏，让读者感受诗词的意境之美、韵律之美，便于对诗词名篇进行品读和理解。

在本套丛书编著过程中，笔者对一些诗词题目、作者、正文、含义均进行反复考证。如《画》的作者在教育部语文课程标准推荐读物所注的是唐代王维，但在《全唐诗》王维的作品中并没有此诗。如卢纶的《塞下曲》是《和张仆射塞下曲》的组诗，忽略组诗六首的完整性，则忽略了唐德宗时期泾师之变、淮西军变等重大历史事件。如王冕的题画诗《墨梅》在画中所题原文与流行版本之间有多处差异。如朱熹的《春日》中“胜日寻芳泗水滨”的地点准确所指。如杨万里的“接天莲叶无穷碧，映日荷花别样红”到底是描写西湖美景，还是隐喻劝诫。内容林林总总，不一而足。此外，对于一些组诗作品，往往在思想内容上既联系紧密，又各有侧重，既能各自独立成章，又相互关联，书中对部分组诗类作品作了注明和整组诗词的凝练介绍，以方便读者能从全局上把握诗词的内涵。

对于诗词中的典故和注释，笔者汲取前人的研究成果，又做了字典、词典、汉典求证，力求去伪存真、客观翔实；对诗词所做译文力求通俗易懂且能达到意境之美；对引用典故做了简要解释，力求忠实原文；对诗词中的生僻字、多音字标了注音；对通假字及不同版本的差异做了标注；对文中引用的前人诗句做了摘录；对部分诗词的创作背景、后世评价、主要思想做了概括说明。

本书针对每一篇诗词，或围绕正文内容，或围绕作者生平，或围绕历史典故，进行了知识的拓展补充，包括政治、经济、军事、文化、科技、农业、赋税、天文、地理、习俗、宗教等方面，一日一篇，日积月累，拓展知识，开拓视野，配以答案，融知识性、趣味性于一体，力求让读者进一步领略诗词的魅力和文化的力量，用经典涵养诗心，用历史润泽诗情，用文化滋润人生。

“回乐烽”“受降城”“西塞山”“建德江”“黄金台”“郁孤台”“幽州台”“大散关”“北固楼”“零丁洋”……诗词中含有大量地理名词，但随着社会的发展，一些区划沿革已有较大调整，从20世纪八九十年代以来，各地撤县设市、撤县设区、城市更名越来越多。如《登快阁》一诗中的吉安地区已改为吉安市，《南安军》一诗中的大庾县已更名为大余县，再如，灌县已更名为都江堰市，眉山县已更名为眉山市，浏阳县已更名为浏阳市，徽州地区已更名为黄山市，淮阴市已更名为淮安市，原四川省涪陵市、万县市、黔江地区已并入重庆市，武都地区更名为陇南市，武威地区设立地级武威市，原县级武威市改称为凉州区，张掖地区设立地级张掖市，原县级张掖市改为甘州区等，原有的地理位置注解已不合时宜，因而，笔者对诗词中所涉及的地名、地区、山脉等进行了梳理、调整和更新。

古代词汇量的丰富程度远不及今日，而那些杰出的文人能将每个字词运用得凝练精准、贴切到位，遣词造句炉火纯青、力有千钧，令人叹为观止。明代诗评家胡应麟曾说：“古诗之妙，专求意象。”诗词中的语法层次、修辞层次和觉悟层次各有不同，手法各异，从而形成了中国古代诗词崇高的艺术境界。书中诗词力求从字词、句子、段落、篇章多个维度理解和赏析，注重修辞手法（有比喻、夸张、借代等）、表达方式（有说明、描写、抒情、议论等）、表现手法（有对比、衬托、象征、比兴等）、谋篇布局手法（有开篇、过渡、照应、结尾等），从而领略作品中蕴含的深邃思想内容及瑰丽艺术特色。诗词的语言是简短凝练的，而由于创作者有表达强烈情感与营造独特意境的需求，往往用字又是婉转的、跳跃的，再运用诸如借物寄兴、兴象立意等形式呈现艺术效果，后人理解起来会更有难度。如王昌龄用“秦时明月汉时关”七个字将时间与空间、现实与虚拟、抽象与具体完全融合在一起，落笔于千年以前、万里以外，一种雄浑苍茫的意境油然而现，诗人的独具匠心也令后世读者产生多种理解角度。如杜甫的“江流石不转，遗恨失吞吴”是一语双关，究竟是指诸葛亮生前没有把吴国吞掉，还是指诸葛亮没能阻止刘备进攻东吴？即便文学大家们也存在不同的见解。再如苏轼的“为报倾城随太守”到底描写自己是一位亲民的太守形象，进而为了报答百姓随行出猎的厚意，还是趁着酒兴，替我告诉全城百姓随我出猎的意思？也是仁者见仁、智者见智。正如白居易言“兴发于此，而义归于彼”，在诗词的鉴赏中，鉴赏者往往因心理、情感状态不同，对同一首诗词的理解也不尽相同。董仲舒言“诗无达诂”，意谓对《诗经》没有通达的或一成不变的解释，因时因人而有歧义。鉴于此，笔者受能力所限，对书中诗词的译文和赏析未能真实体现出诗人词人的创作意图，甚至会出现对诗词的误读，在此向读者表示歉意，也希望能起到抛砖引玉的作用，让越来越多的人加入诗词鉴赏的行列中来。

人类与其他生物最大的区别在于人类有丰富的语言，语言产生了文字，文字促进了文明，每一个后人都是踩着前人的文明成果发展和进步的，代代相传、生生不息。本书在编写过程中参酌了大量前人研究评析成果，借鉴了诸多前人学术参考文献，如诗人词人的生卒年份、籍贯或出生地，对于学术上有争议的问题，已有定论者，按定论介绍，尚无定论者，则以一说为主，诸说并存。无特殊说明，本套丛书中的古诗词均引自上海辞书出版社《中国历史大辞典》（2007 年版），并参考“古诗文”网等资料。对诗词的解读，参考《高级汉语词典》《重编国语辞典修订本》《唐宋诗词选释》及人教版中小学语文教材等。限于篇幅，不能一一致谢，在此一并表示衷心感谢。

中国古诗词如星辰大海，浩瀚无边，“弱水三千只取一瓢”。一方面囿于个人能力，本书必定有许多缺憾，希望能得到读者的指正并不断完善。另一方面受篇幅所限，为了不让篇章过于冗长，对长篇诗歌做了节选，节选又不能照顾到全篇的意境，实属无奈，更为遗憾。

敝帚自珍，美芹之献。笔者水平所限，书出匆忙，疏漏错讹，必在其中，一字之教，倒屣相迎。

2022 年秋于北京

前言

秋风浩荡　明月千古

甲骨文“秋”的字形是一只形神兼备的蟋蟀。《诗经·豳风·七月》中有“七月在野，八月在宇，九月在户，十月蟋蟀入我床下。”意思是蟋蟀七月在田野，八月来到屋檐下，九月蟋蟀进门口，十月钻进我床下。虫以鸣秋，借以表达“秋天”的概念。

看大雁南归，听秋虫低鸣，观枫叶凄美，叹百味人生。刘禹锡的“自古逢秋悲寂寥，我言秋日胜春朝”能让岁月变得温暖而悠长；王维的“随意春芳歇，王孙自可留”达到了心与境化、物与我化的境界；李商隐的“君问归期未有期，巴山夜雨涨秋池”将情思婉转，悱恻缠绵已然跃于纸上。当然杜甫的“万里悲秋常作客，百年多病独登台”更令人寄寓强烈的同情；黄巢的“待到秋来九月八，我花开后百花杀”给出人们在逆境中找到出路，改变自己命运的方向。这些诗词佳作或铿锵有力，或婉转温柔，或哲理隽永，或荡气回肠，一句一词总能让我们怦然心动。

“秋月”在诗词中具有独特的地位，因为“秋月”有一种特殊的质感，它是清澈的、柔和的、圆润的，最能够表现朋友之间真挚的友谊，对自己理想的追求，对美好生活的向往。张九龄的《望月怀远》积满了无限深沉的相思；李白的《古朗月行》借月引兴，追思繁华；苏轼的《水调歌头》让亲情借助明月突破时间的局限，打通空间的阻隔；李煜的《虞美人》借秋月抒发亡国后顿感生命落空的悲哀。同样一轮明月，每个人的心中感受又是不同的，正是这种不同，才使千古明月，照耀了万般诗情。

情景交融，景中有情，是优美诗词的重要特点。不同的外部时令会扩大诗词形象意境，与之相应的外界景致更能烘托阅读诗词时的心境。例如，在漫山红叶的秋色里中咏诵“无边落木萧萧下，不尽长江滚滚来”，更能理解天地秋风萧瑟的壮阔景象。此刻，秋风萧瑟天气凉，草木摇落露为霜，不如我们一起在古诗词中寻找成熟深沉的秋天，一起用心灵感知诗词之美、体会人性之善、思考世界之真，享受最美人生。

目录

七　月

八　月

九　月

长安一片月，万户捣衣声。
秋风吹不尽，总是玉关情。
何日平胡虏，良人罢远征。

——唐·李白《子夜四时歌·秋歌》

秋风浩荡　明月千古

七月·孟秋

自古逢秋悲寂寥，我言秋日胜春朝。

八月·仲秋

此生此夜不长好，明月明年何处看。

九月·季秋

九月九日望乡台，他席他乡送客杯。

初一

秋词（其一）

［唐］刘禹锡

自古逢秋悲寂寥①，
我言秋日胜春朝②。
晴空一鹤排云③上，
便引诗情④到碧霄⑤。

注释

①悲寂寥：悲叹萧条空寂，寂静冷清。②春朝（zhāo）：春天的早晨，泛指春天。③排云：推开云层。④诗情：做诗的情绪、兴致。⑤碧霄：蓝天，青天。

译文

自古以来人们悲叹秋天寂寞凄凉，可我却说秋日景色远远胜过春日。晴朗的天空中一只白鹤直冲云霄，激发我做诗的情绪随它飞向蓝天。

赏析

秋天是草木枯萎、万物萧条的时节，在多愁善感的文人笔下，便具有了愁肠九曲的空寂之意。然而，被贬出朝廷的刘禹锡在所作的《秋词》中，却另辟蹊径，一反常调，热情讴歌了秋天的美好。组诗第一首赞秋气，第二首咏秋色，此为第一首，哲理意蕴和艺术魅力更强，引人思索，耐人吟咏。

首句即以议论起笔，断然否定了前人一贯悲秋的观念，表现出一种激昂向上的诗情。“自古”是指从《诗经》和《楚辞》等这些文学的源头上看，“悲”成了秋的一种色调，“寂”成了秋的一种情绪，“寥”成了秋的一种感知。如《诗经·小雅》有：“秋日凄凄，百卉具腓。”《楚辞·九歌》有：“袅袅兮秋风，洞庭波兮木叶下。”次句则充满豪情地道出诗人对“秋”的理解，“我言秋日胜春朝”表明在诗人心中，秋是最美的季节，远胜过繁花似锦的春日。这是一种自信，绝非仅仅一时的感性冲动，而是融入了诗人对秋天更高层次的理性思考，表现出诗人心有阳光、能让岁月变得温暖而悠长的乐观心态。

后两句抒发感情，以诗言志。诗人抓住秋天“一鹤排云”这一别致的景观，展现了秋高气爽、万里晴空的开阔景象。“鹤”是一种精神的化身、一种信念的寄托，诗人指引人们看那振翅高举的“鹤”，在秋日晴空中，即使孤独，也“排云”直上，矫健凌厉，奋发有为，大展宏图。正是这只“鹤”的顽强奋斗，冲破了秋天的肃杀氛围，寄托了诗人心有热情、永远向上的生活态度。“便引诗情到碧霄”说明写诗和创作的情绪需要情景激发，在这样的“秋日”胜景之前，诗人的诗情也勃发而起，随同“鹤”一起飞到了万里晴空。

拓展

刘禹锡22岁进士及第，但屡遭贬谪，壮志难酬，不被重用，但仍励志高歌。这首《秋词》，既有以鲜明的艺术形象引发的浪漫诗情，同时又富有哲理，启人深思，引人奋起。刘禹锡还有一首为友人________的《春词》创作的和诗：“新妆宜面下朱楼，深锁春光一院愁。行到中庭数花朵，蜻蜓飞上玉搔头。”诗意别出心裁，富有韵味。

A. 白居易　　B. 韦应物

C. 柳宗元　　D. 韩愈

初二

秋 思

［唐］张 籍

洛阳城里见秋风，
欲作家书意万重①。
复恐②匆匆说不尽，
行人③临发④又开封⑤。

注释

①意万重：意指心思之多。②复恐：又恐怕。③行人：指捎信的人。④临发：出发前。⑤开封：拆开已封好的信。

译文

洛阳城中又刮起了秋风，想写家书思绪万端，要说的话实在太多了。又怕匆忙中心事说不尽，捎信人即将出发时，又拆开已封好的书信。

赏析

家书是让人不忘回家方向的媒介。张籍作客他乡，见秋风而思故里，便托人捎信。王安石曾说："看似寻常最奇崛，成如容易却艰辛。"秋日写封家书看似平常，但能写到意味深远、耐人寻味实则很难。如杜甫《春望》中的"烽火连三月，家书抵万金"和岑参《逢入京使》中的"马上相逢无纸笔，凭君传语报平安"便是此中佳句。

首句言明时间、地点。以"秋风"起兴，见秋风而思故里，乍看起来，寥寥数字、细细吟味，却有无穷意味。欲写家书，可是千言万语又不知从何写起，此时诗人的思想感情极为复杂。家书写给谁？内容写什么？全诗未有提及，反而笔锋一转，“复恐匆匆说不尽，行人临发又开封”。捎信人行色匆匆，写信人写信时自然更加匆忙，想说的话总担心遗漏，这种心情是极其复杂的。

最后一句是传神之笔，运用以小见大、见微知著的表现手法，从这一细微之处刻画写信人唯恐信中有所遗漏的心态和动作，凸显了对这封“意万重”家书的重视。这种心情，每一个有客居他乡体验的读者想必都能体会得到。

盛唐绝句，多寓情于景，情景交融，较少叙事。到了中唐，叙事成分逐渐增多，日常生活往往成为绝句的习见题材。张籍这首《秋思》寓情于事，借助日常生活中的一个片段，细腻地表达了诗人对家乡亲人的思念情深意切。

拓展

张籍，即水部张十八员外，唐代中后期诗人。受________举荐，贞元十五年在长安进士及第。公元806年调补太常寺太祝，此后患有严重目疾，几近失明。张籍与白居易相识后，互相切磋诗文并对各自的诗文创作产生了积极的影响。张籍的诗文广泛深刻地反映了各种社会矛盾，同情人民疾苦，如《塞下曲》《征妇怨》，另一类则描绘了农村风俗和生活画面，如《采莲曲》《江南曲》等。

A. 韩愈　　B. 孟郊

C. 王建　　D. 杜甫

初三

相见欢·无言独上西楼

［五代］李 煜

无言独上西楼，月如钩。寂寞梧桐深院锁清秋[①]。
剪不断，理还乱，是离愁[②]。别是一般滋味在心头。

注释

①锁清秋：深深被秋色所笼罩。②离愁：此处指亡国之愁。

译文

默默无语独自上西楼，只有天边如钩的冷月相伴左右。
梧桐寂寞地立在院中，幽深的庭院笼罩在清冷秋色里。
这些剪也剪不断、理也理不清的思绪，都是亡国之愁。
而今忧愁缠绕在心头，却又是另一番无可名状的滋味。

赏析

李煜的词大多没有粉饰做作，没有扭捏作态，即景抒情，无意为之，便能将词人内心所想表达得既显清晰，又显朦胧，能引起读者内心的强烈共鸣，亦生怜悯之心。

这篇虽上阕写景，下阕抒情，凄凉的气氛却融会全篇。如首句“无言独上西楼”已摄尽凄婉哀思的神情。“无言”是无尽思绪，无可倾诉，无以言表的心情写照，“独上西楼”是登高望月，无人倾诉、心境落寞的行为写照，“月如钩”表述寂寞清愁的意象，月圆必缺，映衬着人生的世事无常。

李煜被俘后，赵匡胤为他选了开封城西北角一个种了梧桐的院落软禁。“寂寞梧桐深院锁清秋”以“清秋”为背景，以“梧桐”为前景，刻画了一幅既意境朦胧，又浸染哀愁的图画。词人见到“寂寞”的不只是梧桐树，还有这凄惨的秋色，也被“锁”于这高墙深院之中，而孤寂的心，思乡的情，亡国的恨，仿佛都被这高墙深院禁锢起来了。

“剪不断，理还乱，是离愁。”前人以“丝”谐音“思”，用来比喻思念，李煜用“丝”来比喻“离愁”，新颖而别致。荣华富贵已经成为历史，忆往昔尽是“离愁”，表现了词人内心深处的孤苦寂寞和万般无奈。

“剪不断，理还乱”还可形状，末句“别是一般滋味在心头”是更深一层的写法，表达词人的离愁之状，无可名状也无法描述。作为曾经的一国之君，只能将心头的哀愁、悲伤、痛苦、悔恨强压在心底，这种无可名状的哀伤胜过千言万语的陈述，更胜过痛哭流涕之悲。

拓展

李煜书法、绘画、音律、诗文均有一定造诣，尤以词的成就最高，有千古杰作《虞美人》《浪淘沙》《乌夜啼》等。李煜从继位到兵败降宋共________年，在位期间一直寄希望于向宋纳贡以保全基业，并多次派遣使者陈说臣服之意，但从大的历史趋势上看，中原走向统一的历史车轮是谁也无法阻止的。

A. 10　　B. 15

C. 20　　D. 25

初四

虞美人·春花秋月何时了

[五代] 李　煜

春花秋月何时了[1]，往事知多少？小楼昨夜又东风，故国[2]不堪回首月明中！

雕栏玉砌[3]应犹在，只是朱颜改[4]。问君能[5]有几多愁？恰似一江春水向东流。

注释

①了（liǎo）：了结，完结。②故国：指南唐。③雕栏玉砌（qì）：雕饰华美的栏杆与用玉石砌成的台阶，指远在金陵的南唐宫殿。④朱颜改：红润的容颜改变了，指人已憔悴。⑤能：又作“都”“那”“还”“却”。

译文

这春有百花秋有月的时光何时完结了，过去的事还记得多少？
昨夜春风又吹进小楼，皓月当空，不堪回忆已为故国的南唐！
精美的栏杆、如玉的台阶应该都还在，只是想念的人已憔悴。
问我心中还有多少哀愁？就好像这不尽的春江之水滚滚东流。

赏析

公元960年，赵匡胤发动了陈桥兵变，取代后周，建立了宋朝，而此时的李煜也成为南唐的最后一任君主。此词当作于公元978年，当时，李煜已被幽囚近三年。南唐末代君主身居囚屋，听过春风，看过秋月，触景生情，愁绪万千，夜不能寐。

“春花秋月”多给人以美好的向往，而词人的特殊身份却勾起往事而伤怀。“春花秋月”表示时间的推移，“了”即了结，完结，“往事知多少?”着重的一问，引出词人回首往昔，身为国君，过去许许多多的事历历在目，如今却国破家亡，词人的这种心境是真切而又深刻的。这样美好的环境却令人触景伤感，引发了词人对过去生活的无尽回忆。“小楼昨夜又东风，故国不堪回首月明中”的“又”字不但表明此情此景已多次出现，而且也暗示回想起南唐的王朝、李氏的社稷、自己的故国早已被灭亡的现实，词人忍受着无尽的精神折磨。

词人遥想，“故国”宫殿的“雕栏玉砌”大概还在，只是那些与他日日纵情声色的宫女朱颜已改。景物与人事的对比，物是人非，引发词人心中无尽的惆怅和幽居的哀愁。词人先用发人深思的设问，“几多愁”也是太多愁，很多愁，有国愁，有家愁，有乡愁，有情愁，这是只有做过帝王才能体会的愁。结句“恰似一江春水向东流”是以水喻愁的名句，王国维《人间词话》谓此句可作后主词的评语。李煜怎样形容他的愁绪？怎么形容愁绪，就如同那流不尽的春水，悠长深远，无穷无尽，奔腾而去，含蓄地抒发了亡国后顿感生命落空的悲哀。

拓展

《虞美人》是李煜的代表作，也是李后主的绝命词。李煜出生于公元937年农历七月初七，据记载，他于自己生日（公元978年农历七月初七）夜，命歌伎作乐，唱新作《虞美人》词，声闻于外。________闻之大怒，命人赐药酒将他毒死。

A. 宋太祖赵匡胤　　B. 宋太宗赵光义

C. 宋真宗赵恒　　D. 宋仁宗赵祯

立秋

山居秋暝[1]

［唐］王　维

空山[2]新雨后，天气晚来秋。
明月松间照，清泉石上流。
竹喧[3]归浣女[4]，莲动下渔舟。
随意[5]春芳[6]歇[7]，王孙[8]自可留。

注释

①暝（míng）：日落，黄昏。②空山：空旷、空寂的山野。③喧：声音杂乱。④浣（huàn）女：洗衣服的女子。⑤随意：任意，不受拘束。⑥春芳：春天的花草。⑦歇：尽，凋零，枯萎。⑧王孙：原指贵族子弟，此处指诗人自己。

译文

秋雨过后，山野格外空旷，初秋傍晚，天气分外凉爽。
月光穿过松林间照耀大地，清澈泉水在石上潺潺流淌。
竹林喧响，浣女笑着归来，莲叶摇动，是渔舟在划过。
任凭那些芳香的花草凋零，山中景色总令人流连忘返。

赏析

这是王维著名的一首山水诗，于诗情画意中寄托诗人的高洁情怀和对理想生活的追求。

前四句描写秋雨后山村傍晚的景致，即点出时间、地点、季节和天气，着意渲染恬静幽美的意境。首句恰如其分地描写秋日山中雨后初霁、深远宁静之意。“空山”更像世外桃源，有夜静清幽之意，这样的“空山”，“新雨后”显得特别明净和空阔。“晚来秋”与上句配合，可见现在正是秋天薄暮时分，晚景特别清新、爽朗、舒适。“明月松间照，清泉石上流”的“照”“流”二字，从静景中引出动态，“照”出松间朦胧之色，“流”出秋夜清冷之音。“空山”中山泉清冽、流水潺潺，在月光下闪闪发光，在这样一个清秋时节，令读者身临其境，抬头望月，近听泉声，静坐冥思，感受心灵静美，享受惬意时光。

后四句写山中的洁净、纯朴，从写景到抒情，揭示诗人的人生理想，点出全诗题旨所在。“竹喧归浣女，莲动下渔舟”描写竹林里传来了一阵歌声笑语，那是一些天真无邪的姑娘洗罢衣服笑逐颜开地归来了，娇翠欲滴的荷叶纷纷向两旁分开，是渔舟划破了荷塘月色的宁静。诗人观察细致入微，也反映了诗人对安静淳朴生活的向往。在这明月、青松、翠竹、青莲之中，还生活着一群勤劳质朴的浣女、渔人，所以就情不自禁地说：“随意春芳歇，王孙自可留”诗中用一个“自”字，达到了心与境化、物与我化的境界，引起多数人的心灵共鸣。王维笔下的秋景如此之美，妙趣无穷，山中的人都不想出山了。

拓展

此诗写于王维隐居蓝田辋川山庄时。这个山庄原是初唐著名诗人________的山庄，天宝年间，王维购置手中，称为“辋川别业”，即辋川别墅。这里山水绝胜，王维晚年隐居于此，常弹琴赋诗，过着半官半隐的生活。

A. 骆宾王　　B. 王勃

C. 卢照邻　　D. 宋之问

初六

秋夕

［唐］杜　牧

银烛①秋光冷画屏②，
轻罗③小扇扑流萤④。
天阶⑤夜色凉如水，
坐看⑥牵牛织女星。

注释

①银烛：银色而精美的蜡烛。②画屏：有画饰的屏风。③轻罗：一种质地较薄的丝织品。④流萤：飞动的萤火虫。⑤天阶：宫殿的台阶，借指朝廷。一作“天街”。⑥坐看：一作“卧看”。

译文

白色的烛光映照冷清的画屏，手执绫罗小扇扑捉萤火虫。

夜色下宫殿的台阶凉如冷水，在卧榻上仰望牛郎织女星。

赏析

诗中描写一名孤单寂寞的宫女，在七月七日夜，于百无聊赖之际，以追扑流萤来排遣孤寂的心情，表达失意宫女孤独的生活和凄凉的心境。

首句写秋景，用一个“冷”字，暗示秋寒气氛，衬托出女主人公内心的孤凄。“银烛”和“画屏”本是精美之物，但白色的蜡烛发出微弱的清光，给屏风上的图画增添了几分暗淡而幽冷的色调。次句写一个孤单的宫女正用小扇扑捉飞来飞去的萤火虫，打发时光，排遣愁绪。“轻罗小扇”

显得十分含蓄，暗示女主人公在宫中衣着华丽，衣食无忧，以待临幸。“扑流萤”则显出她的百无聊赖，夜里孤独与寂寞。“流萤”往往会存在于那些荒凉僻静的地方。这一句中女主人公手中拿的“轻罗小扇”具有象征意义，扇子本是夏天用来扇风取凉的，秋天就没用了，所以古诗里常以秋扇比喻弃妇。

后两句暗示夜已深沉，寒意袭人，该进屋去睡了，可她还是不愿就寝。第三句以“天阶”“凉如水”，暗喻君情冰冷。“天阶”是用宫殿的台阶借指宫中，与首句“冷画屏”的色彩不同，“凉如水”是一种温度，透露出清冷幽怨之感。最后一句扣题，此时正值七月初七，仰视天河两旁的牵牛星和织女星，想起民间传说中，织女和牛郎每年七夕渡河相会一次，正是因为牵牛织女的故事触动了她的心，使她想起自己不幸的身世和生活的孤寂，只能借羡慕牵牛织女，抒发自己心中悲苦。

拓展

杜牧曾对江西观察使沈传师家中的一个歌女很有好感，可惜主人已将她纳为妾。多年后，在洛阳又遇到了这个沦落他乡、以卖酒为生的歌女，追忆她六年前初吐清韵、名声震座的美好一幕。杜牧写下了著名的________，不仅文笔清秀，而且书法更为飘逸。今人所能见到的唐朝真迹少之又少，这幅诗卷异常珍贵，上有宋徽宗、乾隆等多位名人的鉴定印章，收藏于故宫博物院。

A.《张好好诗》　　B.《杜秋娘诗》

C.《李甘诗》　　D.《感怀诗》

七夕

乞巧

[唐] 林　杰

七夕今宵看碧霄①，
牵牛织女渡河桥。
家家乞巧②望秋月，
穿尽红丝③几万条。

注释

①碧霄：青天，蓝天。②乞巧：传统节日，在农历七月初七日，又名“七夕”。③红丝：红色的丝线。

译文

七夕夜里仰望浩瀚的天空，看牛郎织女渡过鹊桥相会。

家家都在对秋月穿针引线，穿过去的红线有无数条了。

赏析

《乞巧》描写民间七夕节乞巧盛况。农历七月七日夜或七月六日夜，穿着新衣的少女们在庭院向织女乞求智巧，称为“乞巧”。据说，七姐是天上的织布能手，姑娘们乞求她传授心灵手巧的手艺。其实，所谓“乞巧”不过是“斗巧”，乞巧的方式大多是姑娘们穿针引线验巧，各地民间的乞巧方式不尽相同，各有趣味。

前两句叙述牛郎织女的民间故事。一年一度的七夕又到了，人们纷纷情不自禁地抬头仰望浩瀚的天空，一条银河横贯南北，河的两岸各有一颗闪亮的星星，隔河相望，遥遥相对，那就是牵牛星和织女星，因为一个美丽的传说，牵动了一颗颗善良美好的心灵，唤起人们美好的愿望和丰富的想象。世上的人在“看”，牛郎织女在“渡”，体现出在唐朝“牛郎织女七夕会”的传说深为人们喜爱并且广为流传。

后两句简明扼要，有动有静。“望”月是静，“穿”丝是动，传说织女下凡时把从天上带来的天蚕分给大家，并教大家养蚕、抽丝，织出又光又亮的绸缎，让女孩们有了灵巧的技能。因此，每个姑娘都企盼着拥有一双巧手，嫁给一个如意郎君，表达了女孩们最真挚、最朴实的想法。无论是皇宫内院还是农夫田舍都会乞巧，唐太宗与妃子每逢七夕在宫中夜宴，让宫女们一同乞巧，这一习俗在民间也经久不衰，代代延续。

诗人林杰自幼聪慧过人，六岁赋诗，下笔成章，又精书法棋艺，但无奈去世时才十六岁。《全唐诗》中仅存其诗两首，其中《乞巧》是描写民间七夕乞巧盛况最著名的诗。

拓展

起初的乞巧节并不是纪念牛郎织女的爱情故事，而是纪念织女这个仙女的，民间称“七姐”。因而七夕节是女子的节日，起源于我国________，唐宋习俗最盛。在唐宋诗词中，女性乞巧被屡屡提及，如唐朝诗人王建有诗说“阑珊星斗缀珠光，七夕宫娥乞巧忙”。

A. 春秋时期　　B. 战国时期

C. 秦汉时期　　D. 两晋时期

初八

七 夕

［唐］李商隐

鸾扇[①]斜分凤幄[②]开，
星桥[③]横过鹊飞回。
争将[④]世上无期别[⑤]，
换得年年一度[⑥]来。

注释

①鸾（luán）扇：羽扇的美称，上面绣有凤凰图案。②凤幄（wò）：绘有凤凰图饰的帐幔。③星桥：鹊桥，传说七夕这日天下的喜鹊都飞往天河，为牛郎和织女相会搭桥。④争将：怎样能将。⑤无期别：比喻后会难期的别离。⑥年年一度：每年一次，一年一次。

译文

只见鸾扇斜分、凤幄拉开，天上喜鹊为牛郎织女搭桥飞去飞回。

怎样能将世上的生离死别、无尽思念，换得每年一次的相逢呢。

赏析

每年农历七月七日，牛郎、织女鹊桥相会，这个传说中优美的爱情故事，令历代诗人吟咏不已。此时，诗人的爱妻已经过世五年了，一个人间，一个地下，只能梦中相会。全诗想象丰富、感情真挚，通过诗人仰望天空，遥想牛郎织女相聚的情景，再联想到自己爱妻早亡而渴望每年能与亡妻相会一次，表达追悼亡妻的悲痛心情。

前两句是诗人遥想牛郎织女七夕相会的情景。在众多喜鹊的簇拥下，织女来到银河之畔，只见“鸾扇”斜分，“凤幄”拉开，织女款款渡过喜鹊搭成的星桥，去和牛郎相会，喜鹊们飞去又飞回。这一切都在诗人的想象中，虽然相会短暂，却是这般美好，可见羡慕之情。

后两句体现诗人的感情孤寂。因为联想到爱妻早亡，唯有自己独留人间，再也无法与她相会，但又是那样渴望与妻子相会一次。“争将”一词写出与亡妻天人阻隔、阴阳两地的哀叹，显现人间生离死别反不如天上一年一度的相会，表达出悼亡之情。末句令人伤心感慨，“世上”不比天上，天上再远的离别每年也能相聚一次，人间阴阳两隔就是永别，想求如天上一年一度相逢是不可能得到的。这种刻骨的沉痛与苏轼的“十年生死两茫茫，不思量，自难忘。千里孤坟，无处话凄凉”一样，都体现出一种无尽的思念。李商隐曾先后作《七夕》《壬申七夕》《辛未七夕》《七夕偶题》等，来表达他心中的无限凄凉和辛酸。

拓展

《七夕》诗中“鸾扇”“凤幄”都是绘有凤凰图案的物品，表示极其精美。“凤”和“凰”原指两种五彩鸟，雄的叫“凤”，雌的叫“凰”。________记载：“有五采鸟三名，一曰皇鸟，一曰鸾鸟，一曰凤鸟。”后世人通常将凤和凰解释为雌雄不同的同一种鸟。

A.《淮南子》　　B.《山海经·大荒西经》

C.《神仙列传》　　D.《易经》

初九

鹊桥仙·纤云弄巧

［北宋］秦　观

纤云弄巧[1]，飞星传恨[2]，银汉迢迢[3]暗度[4]。金风[5]玉露[6]一相逢，便胜却人间无数。

柔情似水，佳期[7]如梦，忍顾[8]鹊桥归路。两情若是久长时，又岂在朝朝暮暮。

注释

①纤云弄巧：指轻盈的云彩在空中不断变化。②飞星传恨：流星传递分别的愁苦。③银汉迢迢：银河遥远的样子。④暗度：悄悄渡过。⑤金风：秋在五行中属金，故指秋风。⑥玉露：晶莹如玉的露珠。⑦佳期：此处指重聚相守的美好时光。⑧忍顾：不忍顾，以语促而省，不忍回头看。

译文

轻盈的云彩不断变化，飞驰的流星传递离怨，牛郎织女夜里渡过辽阔的天河。在秋风白露的七夕相会，却胜过人间无数次寻常的相逢。

温柔的情感缠绵如水，美好的时光甜蜜如梦，怎么忍心回望由鹊桥回去的路。两个人的感情若是坚贞不渝，又何必要日夜厮守在一起。

赏析

这首词意境新颖，设想奇巧，独辟蹊径，将抒情、写景、议论融为一体，断然否定了朝朝暮暮的庸俗生活，歌颂了天长地久的忠贞爱情。

上阕写佳期相会的盛况。“纤云弄巧”表现轻盈多姿的云彩，“飞星传恨”表现夜空飞驰的流星，都在为牛郎和织女这一年一度的相会做准备，似乎为这对爱侣的团聚而高兴。“迢迢”银河，把两个相爱的人隔开，在这“金风玉露”的时间才能相见，多么不容易！“金风玉露”出自李商隐《辛未七夕》中“由来碧落银河畔，可要金风玉露时。”牛郎和织女不远万里，倾诉衷肠，互吐心意，是那样富有诗情画意。但词人却说“金风玉露一相逢，便胜却人间无数。”牛郎织女七夕相会，胜过尘世间那些长相厮守却貌合神离的夫妻。道出这首词看似是写天上，实际处处在写人间。

下阕写依依惜别之情。词人笔下的爱情是冰清玉洁、高尚纯洁和超凡脱俗的。“柔情似水”形容坚贞不渝的感情缠绵犹如悠悠流水，“佳期如梦”既点出了欢聚的短暂，又写出了久别重逢的心情。亦真亦假，似梦似幻，以至于恋恋不舍，谁也不忍心回头看“鹊桥归路”。结尾两句揭示了爱情的真谛，只要两人相亲相爱、心心相印、息息相通、至死不渝，又何必贪求卿卿我我的日夜厮守？这在当时的世俗社会中，无异于振聋发聩之笔。

“两情若是久长时，又岂在朝朝暮暮”表达牛郎织女虽一年一度才能相会，却能地久天长，人间虽暮暮朝朝，却百年顷刻，这里补足上阕结句天上胜人间之意。这种高尚的精神境界远远超过了古代同类作品，是难能可贵的，也使全词升华到新的思想高度，成为爱情颂歌中的千古绝唱。

拓展

天上牵牛、织女之星各处银河一旁，七月七日乃得以相会。自《古诗十九首》中“迢迢牵牛星，皎皎河汉女”描写以来，有大量文学作品描写牛郎与织女相会的故事，《鹊桥仙》更是以此为题材的作品，该词牌名以________所作《鹊桥仙》为正体代表。

A. 范仲淹　　B. 苏轼

C. 欧阳修　　D. 秦观

初十

蝉

［唐］虞世南

垂緌[①]饮清露，
流响[②]出疏桐[③]。
居高声自远，
非是藉[④]秋风。

注释

①緌（ruí）：冠缨。此处指蝉的下巴上与帽带相似的细嘴。②流响：连续不断的蝉鸣。③疏桐：高大的梧桐。④藉（jiè）：同“借”，凭借，依赖。

译文

它生性高洁，饮用洁净露水，在高大的梧桐树上发音响亮。

它身居高枝，不用借助秋风，鸣叫声音依然能够传向远方。

赏析

这是一首咏物诗。因当时虞世南担任弘文馆学士，成为重臣，一日，李世民邀请弘文馆学士们一同欣赏“海池”景色，谈诗论画，李世民询问大家是否有新的诗文作品，虞世南便诵读出该诗。诗人以蝉居高饮露象征高洁，以比兴的手法，表达自己的情操。

从前两句可以看出，因为受唐太宗知遇之恩而作，所以诗中蝉的形体、习性和声音都有一种清高尊贵的感觉。首句中“緌”是古人结在颌下的帽带下垂部分，蝉的头部有伸出的触须，形状好像下垂的冠缨，故说“垂緌”。古人认为蝉生性高洁，“栖高饮露”，故说“饮清露”。第二句用一“疏”字，更见梧桐枝干的高大挺拔，用一“出”字，把蝉声传送的意态形象化了，使人感受到蝉声的响亮。前两句写出了蝉居住在挺拔疏朗的梧桐上，与那些在腐草烂泥中打滚的虫类自然不同，因此，它的身份高贵清洁，它的声音流丽响亮。

后两句是全诗的点睛之笔。蝉声远播，一般人往往认为是借助于秋风的传送，诗人却强调这是出于“居高”而自能致远。第一层含义是一个人的本领大小要靠自己的努力；第二层含义是生性高洁的人有从容不迫的风度和气韵，才会有声名远播、名垂青史的可能。

全诗描摹状物、托物言志之功夫可见一斑。唐太宗曾称虞世南有德行、忠直、博学、文辞、书翰“五绝”，并赞叹：“群臣皆如虞世南，天下何忧不理!”事实上，虞世南与唐太宗谈论历代帝王为政得失，能够直言善谏，为贞观之治做出独特贡献。

拓展

虞世南是唐代书法家、文学家、诗人、政治家。青年时期拜王羲之的七世孙智永和尚为师，深得王羲之书法真传，由此名声大震。因博学多才、高洁耿介、刚烈敢谏，历仕陈、隋、唐三代，列唐太宗凌烟阁二十四功臣之二十名。本诗与________的咏蝉诗、李商隐的咏蝉诗成为唐代文坛“咏蝉”诗三绝。

A. 王勃　　　　B. 杨炯

C. 卢照邻　　　D. 骆宾王

十一

秋浦[①]歌（其十四）

［唐］李　白

炉火照天地，
红星乱紫烟。
赧[②]郎明月夜，
歌曲动寒川。

注释

①秋浦：唐时县名，在今安徽省池州市贵池区。②赧（nǎn）：因害羞而脸红，此处指炉火把人的脸映红。

译文

炉火在天地之间熊熊燃烧，火星在紫烟之中熠熠闪烁。

明月下炉火映红男人脸庞，歌声回荡在寒冷的山谷中。

赏析

此诗是李白创作的组诗《秋浦歌十七首》中的第十四首。此诗中“炉火”在旧注中有解释为“炼丹之火”，有解释为“渔人之火”，可能这些说法都不妥当。清人王琦认为是冶铸之火，因为据《新唐书·地理志》有记载：“秋浦多矿，尤产银产铜。”这个说法应该比较可信。故而，全诗展示了一幅瑰丽壮观的秋夜冶炼图。饱含激情地颂赞冶炼工人，唱出了一曲劳动者的颂歌，因其在浩瀚如烟的古典诗歌中比较少见而更显珍贵。

诗中开篇就呈现出一幅色调明亮、气氛热烈的冶炼场景。炉火熊熊燃烧，红星四溅，紫烟蒸腾，广袤的天地被红彤彤的炉火照得通明。诗人用了“照”“乱”两个字使冶炼的场面熠熠生辉，整个画面中火、光、红、紫交相辉映，烘托映衬劳动场面。

后两句转入对冶炼工人形象的描绘。“赧”的本意是因为羞愧而脸红，李白对其加以创造性的发挥，而生成了一个全新的“赧郎”词汇，联想到他们健美强壮的体魄和勤劳朴实的性格，用来表达他对眼前辛勤工作的劳苦大众的由衷钦佩之情。冶炼工人一边劳动，一边歌唱，声音嘹亮，回响在天地之间，回荡在山谷之中，字里行间饱含着诗人赞美歌颂之情。

我国古代劳动人民冶炼技术长期领先于世界各国。唐朝的军事力量在盛唐时期达到了顶峰，大唐的精锐军队可以四面出击，盛唐的豪迈气概和尚武精神锻造了一支几乎战无不胜的军队，这与唐朝精湛的冶炼技术是密不可分的。

拓展

秋浦是唐代时期县名，因境内有“秋浦水”而得名，是唐代银矿和铜矿产地之一。李白一生酷爱名山大川，曾先后多次游历到秋浦，足迹踏遍九华山和秋浦河、清溪河两岸，此“炉火照天地，红星乱紫烟”是李白第________次游历秋浦时所作，随后去往泾县，留下《赠汪伦》等诗。

A. 一　　　　B. 二

C. 三　　　　D. 四

十二

秋浦歌（其十五）

［唐］李　白

白发三千丈，
缘①愁似个长②。
不知明镜里，
何处得秋霜③？

注释

①缘：因为。②个长（cháng）：如此长，这么长。③秋霜：形容头发白如秋霜。

译文

白发疯长，是因什么忧愁才长得这样长。

揽镜自照，不知何处的秋霜落在我头上?

赏析

《秋浦歌》组诗，共十七首，此为第十五首诗，脍炙人口，是组诗中流传最广的一首。诗中写诗人对镜悲白发的情景，运用夸张、比喻的手法，写得生动传神。抒发李白强烈的苦闷与愁思，表达诗人怀才不遇、人已衰老、壮志未酬之境遇，读之倍觉痛苦。

前两句“白发三千丈，缘愁似个长。”夸张奇特，想象大胆，令人叫绝。与其他十几首《秋浦歌》类似，首句即是中心，如第一首的“秋浦长似秋”，第二首的“秋浦猿夜愁”，第三首的“秋浦锦驼鸟”等。“白发三千丈”直接表达出诗人的愁绪繁多，满头白发有“三千丈”之长，这“三千丈”的白发很自然地被理解为艺术的夸张。“缘”是因为的意思，“个长”是这么长、这般长的意思。“白发”因“愁”而生，因“愁”而“长”，这三千丈的白发，缘于我的愁丝就有如此之长，是诗人内心愁绪的象征。

后两句表明前两句是诗人揽镜自照，故而照镜自伤。“何处得秋霜”是通过自问不答的形式，进一步加强对“愁”字的刻画，“秋霜”代指白发，具有忧伤憔悴的感情色彩，抒写诗人愁肠百结难以自解的苦衷。

写这首诗时，李白已经五十多岁了，十年前在洛阳遇到了杜甫，在梁宋遇到了高适，三人各有大志，理想相同，畅游甚欢，评文论诗，纵谈天下大势。如今十年已过，目睹安禄山势力大增，奸臣把持朝政，藩镇割据，内外交错，诗人壮志未酬，人已衰老，不能不倍加痛苦。所以揽镜自照，触目惊心，才发出“白发三千丈”的苦吟，落笔惊人，又合情合理，恰如其分，流传千古。

拓展

“愁”本义指忧虑悲伤，又指感伤的情绪。由忧虑、忧愁引申为怨恨、愤恨。不少文人墨客都将心中的愁写得凄美动人，如李白的“暝色入高楼，有人楼上愁”；________的“总把春山扫眉黛，不知供得几多愁”；李煜的“问君能有几多愁？恰似一江春水向东流”；辛弃疾的“而今识尽愁滋味，欲说还休”；陆游的“已是黄昏独自愁，更着风和雨”等。

A. 李白　　B. 白居易

C. 李商隐　　D. 杜甫

十三

关山月

［唐］李　白

明月出天山[①]，苍茫云海间。
长风几万里，吹度玉门关[②]。
汉下[③]白登[④]道，胡窥[⑤]青海湾[⑥]。
由来征战地，不见有人还。
戍客[⑦]望边邑[⑧]，思归多苦颜。
高楼[⑨]当此夜，叹息未应闲。

注释

①天山：一为祁连山；二为虚指。②玉门关：故址在今甘肃敦煌西北，古代通向西域的交通要道。③下：夺得、攻取。④白登：今山西大同东有白登山，匈奴曾围困刘邦于此。⑤胡窥：指吐蕃有所企图，窥伺侵扰。⑥青海湾：今青海省青海湖。⑦戍客：驻守边疆的战士。⑧边邑：边城，泛指边境地区。一作“边色”。⑨高楼：此处指戍边兵士的妻子。

译文

一轮明月从天山升起，穿行在苍茫云海之间。
长风浩荡掠过几万里，吹过西北边疆玉门关。
汉兵将曾攻下白登山，吐蕃觊觎大片青海湾。
这都是历代征战之地，出征将士生还者少见。
兵士们遥望边城景象，思归心切而面露苦颜。
妻子高楼上望月怀夫，叹息声大概也没停歇。

赏析

开头四句紧扣诗题，将“关”“山”“月”三个相互独立的物象有机地结合在一起，奠定了全诗边塞苦寒的苍凉基调。“苍茫”“长风”展现出气势磅礴、雄伟壮阔的景象，“玉门关”与雄浑磅礴的天山组合到一起，显得景象新鲜而壮观，意境更加高远，把读者引到了更广阔的天际之间。

中间四句在前四句广阔的边塞风景基础上，抒发出“由来征战地，不见有人还”的主旨。“汉下白登道”指汉高祖七年（公元前200年）汉高祖刘邦被匈奴围困于白登山（今山西省大同市东北马铺山）的事件。“胡窥青海湾”指仪凤三年（公元678年）唐军与吐蕃在青海（今青海湖）发生的一场战役。诗人认为这种历代无休止的战争，使得从来出征的战士几乎见不到有戍卒活着回到故乡的。

最后四句以战士们望着边地的景象，想象家中妻子望月时的叹息声，揭示了战争所造成的巨大牺牲和给无数征人及其家属所带来的痛苦。“望边邑”三字跟“戍客”紧紧联系起来，很容易激起人们对戍卒遭遇的同情，而戍边兵士妻子在苍茫夜色中的叹息声与首句又形成首尾呼应。

拓展

公元前201年，韩王信在大同地区造反叛乱，并勾结匈奴企图攻打太原。汉高祖刘邦亲自率军迎击匈奴，被围困于白登山达7天7夜。随后________又起兵叛乱，刘邦抱病亲征才得以平定。胜利回师途中路过故乡沛县，即兴创作《大风歌》：“大风起兮云飞扬，威加海内兮归故乡，安得猛士兮守四方！”

A. 淮阴侯韩信　　　　B. 淮南王英布

C. 代王陈豨　　　　D. 燕王臧荼

十四

古朗月行（节选）

［唐］李　白

小时不识月，呼作白玉盘①。
又疑瑶台②镜，飞在青云端。
仙人③垂两足，桂树何团团④。
白兔捣药成，问言与谁餐？

注释

①白玉盘：白玉做的盘子。②瑶台：指传说中神仙居住的地方。出自晋人王嘉《拾遗记·昆仑山》。③仙人：传说中驾月的车夫叫望舒。④团团：圆圆的样子。

译文

小的时候不认识月亮，我把它称之为白玉盘。
又怀疑是仙人的宝镜，飞到高高的青云之上。
月中仙人垂挂两只脚，桂树为何长得圆圆的。
白兔捣成的不老仙药，请问是捣给谁吃的呢？

赏析

此诗的创作背景是在安史之乱前夕，李白借月引兴，影射现实。安禄山之乱源于宫闱，故诗中后八句有“蟾蜍蚀圆影”以喻宫闱之蛊惑，“羿昔落九乌”以见太阳之倾危。小学教材节选前八句，仅写诗人儿时对月亮的认识。

开篇四句，以“白玉盘”“瑶台镜”作比，生动、形象地展现了明月在幼年李白心中的影像，“白玉盘”表现出明月的质地和形状，又唤起人们心中美的感受。“瑶台镜”令读者感知明月照人的特质，兼有神话传说中令人回味至今的故事。一“呼”一“疑”，儿童好奇而又迷惑不解的天真烂漫之态呼之欲出。“飞”则是从对月亮的直观感受上描写，在月朗静谧的夜空中化静为动。这四句看似信手写来，却是情采俱佳。

接下来的四句运用神话传说描绘月亮初升时逐渐明朗和宛若仙境般的景致。“仙人”指中国神话传说中为月驾车之神，“桂树”指神话传说中月亮上有一棵桂花树，高五百丈，枝繁叶茂。“白兔”指传说月亮之中有一只兔子，浑身洁白如玉，拿着玉杵，跪地捣药，服用此药丸可以长生成仙。诗人用小时候听到的古代神话说月中有“仙人”“桂树”“白兔”，展现月宫的迷人和美好。当月亮初升的时候，先看见仙人的两只脚，而后逐渐看见仙人和桂树的全貌，再看见月中白兔捣药。借用神话传说，进一步渲染月亮瑰丽神奇的色彩。“问言与谁餐?”凸显赞美、关切、怜爱之情，充分展现出月宫中仙境般美好境界，激起人们对朗月的憧憬和喜爱。同时，也为后八句以“蟾蜍”比作安禄山、杨国忠之类的权奸留下隐语，影射现实。

拓展

《古朗月行》不是一般的咏月之作，而是寄寓着对政治局势的担忧，是一首忧国忧民之作。诗的前半部分喻________，这个时期在诗人心目中就如朗月在儿童心目中一样。

A. 武周时期　　B. 贞观时期

C. 天宝时期　　D. 开元时期

十五

与夏十二[1]登岳阳楼

［唐］李　白

楼观岳阳[2]尽，川迥[3]洞庭开[4]。
雁引愁心去，山衔[5]好月来。
云间连下榻[6]，天上接行杯[7]。
醉后凉风起，吹人舞袖回[8]。

注释

①夏十二：李白的朋友。②岳阳：今湖南省岳阳市。③迥：远。④洞庭开：指洞庭湖水宽阔无边。⑤衔：用嘴含。⑥连下榻：为宾客设榻留住。⑦行杯：指传杯饮酒。⑧回：回荡，摆动。

译文

在岳阳楼上将风光尽收眼底，洞庭湖面开阔江水奔向远方。
南飞大雁带走我的忧愁之心，远处山峰衔来一轮美好圆月。
在高入云间的楼上设下榻席，就如同在天上云间传杯饮酒。
酣饮醉酒之后凉风习习吹起，吹得我这宽大衣袖随之舞动。

赏析

首联描写岳阳楼四周的宏丽景色。“尽”和“开”字从俯视纵观岳阳楼周围景物的邈远和开阔落笔，让读者感知到登上岳阳楼，能将岳阳一带的自然景色一览无余。岳阳楼之美是人文景观与自然景观的和谐美，洞庭湖南极潇湘，更是气势恢宏，意境开阔。

颔联以鸿雁南飞，月升东山，触发诗人的情怀。此诗作于公元759年秋，李白遇赦时，其心情欣喜、愉悦。诗中用“引”和“衔”二字，以拟人的手法形象生动地写出了“雁”和“山”懂得人的心意，把“愁心”带走，把“好月”送来的情境，写得精彩传神，是全诗诗眼所在。“雁引愁心去”也有作“雁别秋江去”，但“别”字与“引”字相比，缺乏感情色彩。

颈联用衬托手法写楼高，似有几分醉意，恍如置于仙境一般。在“好月”的照耀下，诗人在高耸入云的楼上，与天上神仙举杯痛饮，令人惬意。“连”“接”二字是夸张之笔，用于此处同样是为了突出表达畅快的心情。

尾联写酣饮之乐，继续表达李白流放遇赦的高兴心情。李白浪漫主义的诗歌风格能从中明显反映出来。诗人醉后翩翩起舞，习习凉风吹拂着宽大的衣袖，仙气十足，浪漫得无以复加。全诗新颖、飘逸、超脱、豁达的意境油然而生。

拓展

“洞庭天下水，岳阳天下楼”是湘楚文化的典型代表，岳阳楼不仅是儒家文化的殿堂，还飘逸着玄学文化的仙气。岳阳楼始建于东汉建安二十年（公元215年），因北宋滕宗谅重修岳阳楼，邀好友________作《岳阳楼记》，使得岳阳楼著称于世。

A. 欧阳修　　B. 王安石

C. 范仲淹　　D. 司马光

十六

一剪梅·红藕香残玉簟秋

［宋］李清照

红藕①香残玉簟②秋，轻解罗裳③，独上兰舟④。云中谁寄锦书⑤来？雁字⑥回时，月满西楼。

花自飘零水自流，一种相思，两处闲愁。此情无计可消除，才下眉头，却上心头。

注释

①红藕：红莲的别称。②玉簟（diàn）：竹席的美称。③罗裳（cháng）：罗裙的美称。④兰舟：船只的美称。⑤锦书：华美的文书，书信的美称。⑥雁字：雁群飞行天空时，排列的字形。

译文

红莲已经凋谢，竹席带着秋凉，轻解开罗裙换装，独自登上小船。当云中雁群飞回来时，谁托它寄来书信？我在明月照满的楼上盼望。

花自顾地飘落，水自顾地流淌，彼此都在思念对方，只能各在一方独自愁闷。这相思之情没有办法排除，万千愁绪总是挂在眉尖心上。

赏析

本词作于李清照与丈夫离别之后，词人以女性特有的敏感捕捉稍纵即逝的真切感受。全篇格调清新、情感真挚，富有诗情画意，给人以美的享受。

词的上阕描述词人的独居生活，顺序是词人从白昼到黑夜一天内所做之事、所触之景、所生之情。首句统领全篇，点明时节。此时荷花已经全部凋谢了，秋意渐浓，池塘里一派萧条气象，勾勒出独守空闺的词人孤独寂寞的心情和思念丈夫的心理状态。为排遣心中的愁绪而“轻解罗裳，独上兰舟”一个“独”字凸显茕茕孑立的形象。本是为消愁而来，怎奈见到天边掠过的大雁，幻想着会不会有一只带来她丈夫写的书信。不知不觉时此时已经“月满西楼”，时间推移，也表明词人思夫之情深意浓。

词的下阕触景生情，直抒胸臆。过片“花自飘零水自流”一句，承上“红藕香残”“兰舟”而来，它既是即景，又兼比兴。词人把自己比作“花”，把丈夫比作“水”，为不能和丈夫相依相随而伤怀。“一种相思，两处闲愁”写自己相思之苦的同时，由己及人，站在对方的角度着想，深知这种相思是双方面的，足见两人心心相印。结尾三句，是历来为人所称道的名句，是化用范仲淹《御街行》中“都来此事，眉间心上，无计相回避”而来。此情斩不断，理还乱，眉间心上总是挂着万千愁绪，“才下眉头，却上心头”中的“才”“却”两字真切形象地表现了词人心里挥之不去、无计可除的相思之情，并与上句“一种相思，两处闲愁”对仗工整，手法巧妙，前后相衬，相得益彰。

拓展

词是文学，也是音乐，作为婉约词派代表，李清照反对以诗文之法作词，提出词“________”之说，善用白描手法，独辟蹊径，语言清丽。《一剪梅》是李清照前期的作品，也是其代表作之一，展示出婉约之美，格调清新，意境幽美。

A. 自是一家　　　　B. 别是一家

C. 以诗为词　　　　D. 以词为诗

十七

琵琶行（节选）

［唐］白居易

浔阳江[①]头夜送客，枫叶荻花[②]秋瑟瑟[③]。
主人[④]下马客在船，举酒欲饮无管弦[⑤]。
醉不成欢惨[⑥]将别，别时茫茫江浸[⑦]月。
忽闻水上琵琶声，主人忘归客不发。
寻声暗问弹者谁？琵琶声停欲语迟。
移船相近邀相见，添酒回灯[⑧]重开宴。
千呼万唤始出来，犹抱琵琶半遮面。

注释

①浔阳江：长江流经今江西省九江市北的一段。②荻（dí）花：多年生草本植物。③瑟瑟：形容微风吹动的声音。④主人：指诗人自己。⑤管弦：泛指乐器。⑥惨：悲痛，伤心。⑦浸：淹没。⑧回灯：重新掌灯，一作“移灯”。

译文

夜晚我到浔阳江头送一位客人，秋风吹得枫树和芦荻发出声响。
我下马到船上和客人饯别送行，举起酒杯要饮酒却无助兴音乐。
分别时酒喝得不痛快更加伤心，此时茫茫江水倒映着一轮冷月。
忽然听见江面传来阵阵琵琶声，我不想归去而客人也不想动身。
寻着声音探问弹琵琶的是何人？琵琶声停了许久迟迟没人说话。
移船靠近邀请弹琵琶的人相见，添上酒重新掌灯再次开启酒宴。

千呼万唤她才缓缓地走了出来，还怀抱琵琶半遮着羞涩的脸面。

赏析

《琵琶行》是一首叙事长诗，全诗结构严谨缜密，错落有致，情节曲折，波澜起伏。第一部分写江上送客，忽闻琵琶声，为引出琵琶女做交代。

前六句交代时间、地点、事情的起因、背景，是在一个萧瑟的秋天浔阳江边，在“枫叶荻花秋瑟瑟”的环境下送客，自然有萧瑟落寞之感。诗人与客人举杯对饮，饯别送行之酒喝得心情惨淡，面对江面倒映的一轮冷月倒备感惆怅了。“无管弦”三字既是“醉不成欢”的原因，又为琵琶女的出场和弹奏做了铺垫，“惨”“浸”构成一种强烈的压抑感。接下来的八句，通过一阵琵琶声音传来，引起了在座诸位的兴趣，描写在诗人的盛情邀请下，琵琶女过船来相见的情形。以“忽闻”做转折，诗人被贬谪江州一年有余，突然从琵琶女的乐曲声中听到了熟悉的曲调，“忘”“寻”“问”“移”这一系列动作描写非常细致，非常符合夜间船上闻声后急切要知道弹奏琵琶的人是谁的心情。从“忽闻”到“相见”又经过“欲语迟”“千呼万唤”“犹抱琵琶半遮面”三个转折，令诗文跌宕起伏。这段琵琶女出场的过程历来被人称颂，既符合琵琶女的特殊身份，又体现主人公内心的隐痛，还为后面的故事发展增加了悬念。

拓展

从白居易长诗《琵琶行》出发，元代________曾写过杂剧《江州司马青衫泪》。剧中描写白居易与裴兴奴的爱情故事。

A. 关汉卿　　B. 马致远

C. 郑光祖　　D. 白朴

十八

野望

［唐］王　绩

东皋①薄暮②望，徙倚③欲何依。
树树皆秋色，山山唯落晖。
牧人驱犊返，猎马带禽归。
相顾④无相识，长歌怀采薇⑤。

注释

①东皋（gāo）：一指贞观初年，王绩因病去职，躬耕于东皋山（今山西省东皋村）；一指向阳的田野或高地，多指归隐后的地方。②薄暮：傍晚时分。③徙（xǐ）倚（yǐ）：徘徊，来回地走。④相顾：相视，互看。⑤采薇：采食野菜，代指隐居不仕。

译文

黄昏时站在东皋举目远望，心中徘徊不知我该归向何方。
层层树林都披上秋天色彩，道道山峦均涂满落日的余晖。
牧人驱赶着小牛返回家园，猎人骑着骏马带回许多猎物。
相视互看这些人并不认识，我放声高歌追怀隐逸的生活。

赏析

首句交代诗人所处的环境，他一个人处在隐居之地，“东皋薄暮”本是一种客观的处境，但诗人却把自我内心的情感赋予到周遭以及自我的姿态之中，“薄暮”本身就代表一种朦胧萧瑟的氛围，用一个“望”字，抒发诗人惆怅、孤寂的情怀。“徙倚欲何依”呼应上一句，表现出哀伤的情感，为全诗奠定了感情基调，表达了诗人在现实中找不到知音、得不到赏识的苦闷、怅惘的心情。

下面四句写“薄暮”中所见的景物。“树树皆秋色，山山唯落晖。牧人驱犊返，猎马带禽归。”诗人勾勒出一幅山家秋晚图，宛如四扇屏风，可分可合，漫山遍野，树叶枯黄，牧童驱犊，猎马带禽，举目四望，到处是一片秋色，但这秋色中仍然是残阳尽染山岭的萧瑟衰败景象。而且画面中人与动物都在归返，与诗人“欲何依”的姿态恰好相反，反衬热闹是他们的，诗人什么也没有，有的就是寂寞和孤寂。并引出尾联的“相顾无相识”。

“相顾无相识，长歌怀采薇”直抒胸臆，诗人从“野望”的场景中回过神，更平添了一种茫然若失、孤独无依、苦闷惆怅的心绪。“采薇”化用“伯夷、叔齐耻之，义不食周粟，隐于首阳山，采薇而食之”之意，是离人的凄凉，说自己在现实中孤独无依，只好放声高歌，追怀伯夷、叔齐那样的隐逸高士，愿做神交密友。

拓展

《史记·伯夷列传》中记载伯夷和叔齐听说________之后，谢绝周武王姬发的封赏和高官厚禄，到首阳山上隐居。山上没有吃的，只好掐野豌豆尖，采薇而食，一直到饿死。这个故事千古流传，表达名士那种爱国守志、清正廉明的高尚品行。

A. 东伐耆国　　B. 姬发即位

C. 武王灭殷　　D. 周公摄政

十九

过故人庄

［唐］孟浩然

故人具[1]鸡黍[2]，邀我至田家。
绿树村边合[3]，青山郭[4]外斜[5]。
开轩[6]面[7]场圃[8]，把酒话桑麻[9]。
待到重阳日，还来[10]就[11]菊花。

注释

①具：准备，置办。②鸡黍：泛指招待宾客的家常菜肴。③合：闭，对拢。④郭：外城围墙。这里指村庄的外墙。⑤斜：倾斜。⑥开轩：开窗。⑦面：面对。⑧场圃：指场地和园圃，庭院。⑨桑麻：桑和麻为农家养蚕、纺织所需，借指农事。⑩还（huán）来：再次来。⑪就：靠近，走近，趋向，此处指欣赏。

译文

老朋友预备了丰盛的饭菜，邀请我到田家做客。
绿树层层围绕在村庄四周，青山在村庄外横卧。
推开窗户面对谷场和园圃，举杯对饮闲谈农事。
等到九月九重阳节到来时，我再来这欣赏菊花。

赏析

这是一首田园诗，就像一篇日记，用语平淡无奇，叙事自然流畅，在浓浓的乡村气息里，抒发了诗人对农家生活的喜爱，对朋友热情好客的感激之情。

首联描写普通农家杀鸡做饭招待客人的场面。“黍”是黄米，古时是上等的粮食，用此款待诗人，显得感情真挚，乡情醇厚。颔联描写由“邀”到“至”，走进村庄时所见景色。绿树环绕，青山相伴，有“合”有“斜”，自然清幽，构成一幅优美宁静的田园风景画。颈联描写宾主双方把酒言欢，闲谈农事。“面场圃”是说窗外就是打谷场、稻场、菜园，让人领略到强烈的农村田园风光和农民劳动生产的气息。“话桑麻”让读者感到双方饮酒时谈起农事，“桑”与“麻”为农家养蚕、纺织所需，后借为农事之代称。在这样恬静闲适的生活情景中，映衬出老朋友的情谊和诗人的愉悦感受。尾联则表达临走时，向主人率真地表示将在秋高气爽的重阳节再来观赏菊花和品酒。“待到重阳日”说明这次宴请是在重阳之前，距离九月初九时间也不远了。言意犹未尽，相约再来。淡淡的两句，令故人相待的热情，客人的愉快，宾主之间的亲切融洽，都跃然纸上了。

拓展

黍去皮后称黄米，比小米稍大，煮熟后有黏性，是中国古代最重要的主食。世界上不同地区，粮食的驯化时间也不同，有些地区的粮食生产是独立出来的，目前能够有令人信服证据的地区只有5个，分别是西南亚、中国、中美洲墨西哥中部、南美洲安第斯山脉和美国东部，黍最早驯化于________。

A. 中国　　　　B. 南美洲安第斯山脉

C. 西南亚　　　　D. 中美洲墨西哥中部

处暑

咸阳城东楼

［唐］许　浑

一上高城万里愁，蒹葭[1]杨柳似汀洲[2]。
溪[3]云初起日沉阁[4]，山雨欲来风满楼。
鸟下绿芜[5]秦苑[6]夕，蝉鸣黄叶汉宫[7]秋。
行人[8]莫问当年事，故国东来[9]渭水流。

注释

①蒹（jiān）葭（jiā）：一种水草。②汀（tīng）洲：水边之地为汀，水中之地为洲，指诗人在江南的故乡。③溪：指咸阳城南的磻溪。④阁：指咸阳城西的慈福寺。诗人自注："南近磻溪，西对慈福寺阁。"⑤绿芜（wú）：丛生的绿草。⑥秦苑：古秦国宫苑。⑦汉宫：汉朝宫殿。亦指其他王朝的宫殿。⑧行人：一为指诗人自己；一为泛指古往今来征人游子。⑨东来：指诗人自东边而来。

译文

登上高楼心中乡愁油然而生，远处芦苇杨柳好似家乡的汀洲。
夕阳沉没在楼阁后乌云涌起，一场山雨即将来临时风灌满楼。
鸟雀仓皇逃入旧时宫苑草丛，秋蝉躲在汉朝宫殿枯叶中悲鸣。
我还是别去追寻前朝往事了，故国依旧，滔滔渭水依然东流。

赏析

首联便起苍凉悲慨之情。诗人一登上咸阳高高的城楼，向南望去，远处烟笼“蒹葭”，雾罩“杨柳”，很像长江中的“汀洲”。“一”上高城，就有“万”里之愁怀，这正是巧用了两个不同意义的“数字”而取得了一种独特的艺术效果。一个“愁”字，奠定了全诗的情感基调。诗中“万里愁”因何而起呢？诗人生活在晚唐，此时大唐王朝已经处于风雨飘摇之际，政治非常腐败，农民起义此起彼伏。

颔联写远景。此时见到日薄西山，“山雨欲来”有深远寓意，夕阳与慈福寺阁交相辉映，还没来得及展现出日照高楼，就沐浴在凄风之中。风为雨头，眼看乌云涌起，一场山雨就要来到了。此句云起遮日，风起雨来，动感分明，形象真实，含蕴深刻。

颈联写近景。望见当年皇家的宫苑，一片绿草平芜，山雨将到，鸟雀仓皇逃入遍地绿芜的“秦苑”，秋蝉则躲在“汉宫”的秋林黄叶中凄鸣。渲染风雨荒凉的意境，表达昔日繁华不再的感叹。

尾联融情于景，进一步感叹王朝的更替，世事的变化沧桑。羁旅过客还是不要再问当年秦汉兴亡之事吧！在故国咸阳城楼上只看到渭水还像昔日一样长流不止而已，把诗人的愁怨从“万里愁”推向“千古愁”，令全诗意远而势雄。

拓展

咸阳是秦、汉时的都城，隔渭河与长安相望。唐都城长安在秦末汉初时为秦都咸阳的一个乡聚，是秦始皇的兄弟长安君的封地，因此被称为“长安”。隋文帝建立隋朝后，见到汉都城年久失修，破败狭小，决定在________建造新都。公元618年，李渊称帝，建立唐朝，改为长安。

A. 大名城　　B. 兴庆城

C. 大兴城　　D. 西安城

廿一

金缕衣

［唐］杜秋娘

劝君莫惜金缕衣①，
劝君惜取少年时。
花开堪②折直须③折，
莫待④无花空折枝。

注释

①金缕衣：用金丝、金属制成的穗状衣物，比喻荣华富贵。②堪：可以，能够。③直须：就该，正应当。④莫待：不要等到。

译文

劝你不要爱惜华丽的衣服，劝你一定珍惜少年美好时光。

花开能够折时就该及时折，不要等到花落后折无花空枝。

赏析

《金缕衣》在《全唐诗》中作者是无名氏，《唐诗三百首》中作者为杜秋娘。题目一作《金缕曲》，一作《金缕词》，是中唐时的一首流行歌词，配着曲调演奏弹唱。从字面看，既是对青春的热情歌唱，也是对爱情的奔放流露，然而字面的背后仍然是“爱惜时光”的主旨。

前两句“劝君莫惜金缕衣，劝君惜取少年时。”句式相同，两个“劝君”两个“惜”字，加之微妙变化，重复而不啰嗦，耐人寻味。古人说“一寸光阴一寸金，寸金难买寸光阴”，青涩的少年时光，美好的青春岁月，每个人都有一次，也只有一次，如何能不珍惜？世间万物有盛衰，人生安得常少年，“金缕衣”虽然珍贵，但与青春年少相比，哪个更贵重就不言而喻了。

后两句用比喻的手法，再次用两个“花”、三个“折”字重复，富有新意。上句说“有花”应怎样，下句说“无花”会怎样，上句说“须”怎样，下句说“莫”怎样，反复强调，使诗句朗朗上口。少年们年轻的心，单纯的眼，旺盛的精力，是多么贵重，千金不换啊！“空折枝”三字却耐人寻味，富有艺术感染力，正如岳飞的“莫等闲，白了少年头，空悲切。”

青春对任何人也只有一次，它一旦逝去是永不复返的。可是，世人多惑于此，爱金如命、虚掷光阴的不在少数，因此，全诗以浅显的语言、动人的形象、优美的韵律、形象贴切的比喻，反复咏叹强调爱惜时光，莫要错过青春年华，阐述珍惜时光的重要性，起到劝人奋进的作用。

拓展

古代皇帝和贵族死时穿“玉衣”入葬，是________规格最高的丧葬殓服，这种“玉衣”是把许多四角穿有小孔的玉片，用金丝、银丝或铜丝编缀起来的，分别称为“金缕玉衣”（帝王）、“银缕玉衣”（诸侯王）、“铜缕玉衣”（公侯）。

A. 东周　　B. 秦朝

C. 汉朝　　D. 唐朝

廿二

送杜少府之任蜀州①

［唐］王 勃

城阙②辅③三秦④，风烟望五津⑤。
与君离别意，同是宦游⑥人。
海内⑦存知己，天涯⑧若比邻⑨。
无为⑩在歧路⑪，儿女共沾巾⑫。

注释

①蜀州：今四川省崇州市。一作“蜀川”。②城阙（què）：城楼，指长安城。③辅：护卫。④三秦：指关中地区。⑤五津：指岷江的五个渡口。⑥宦（huàn）游：为求官而出游。⑦海内：四海之内，即全国各地。⑧天涯：在天的边缘处，即距离很远。⑨比邻：近邻。⑩无为：不要，不用。⑪歧（qí）路：岔路口。⑫沾巾：泪水沾湿手巾，指挥泪告别。

译文

三秦之地护卫都城长安，遥望蜀州只见迷茫云烟。
与你离别时有无限情意，我们都是出外做官之人。
四海之内只要你有知己，纵使远在天涯也如近邻。
请不要在岔路口分手时，像小儿女那样泪湿手巾。

赏析

这是一首送别诗，语言形象凝练，饱含深情又蕴含哲理。此诗一改往昔送别诗中悲苦缠绵之态，写得昂扬乐观，能给友人以安慰和鼓励，体现出诗人志向高远、胸怀旷达的积极态度，成为送别诗中的不朽名篇。

首联指明分别地点在都城长安，这里用“五津”代指蜀州，即杜少府将要赴任之地。诗人站在三秦拱卫的长安城楼上，遥望蜀州，为杜少府送行。颔联将视线从“望”转向友人，仿佛听到了两人在离别时语重心长的诉说。王勃说：“你我都是离乡远游以求仕宦的人，你去蜀州，我留长安，此刻惜别之意却是一样的。”这两句表现出诗人对友人的体贴关注，真挚的感情从字里行间自然而然地流露出来。后四句则进一步将这种感情升华，以实转虚，高度概括了友情深厚，江山难阻，把全诗升华到一种美学境界。天下没有不散的筵席，再好的朋友也会经历离别，这一别，或许就是永远。诗人一扫以往送别诗那种凄凉情调，表达只要是四海之内，存在着你我这样的知己，即使远在天涯，也如同就在身边一样。“无为”是不要之意，“儿女”指多情男女，告诉友人，大丈夫不能像小儿女一样，不要轻易掉泪，是对朋友的叮嘱，也是自己情怀的吐露。王勃没有写离别时的伤感痛苦，而是写出对友人宦海漂泊的激励和鼓舞。

全诗开合顿挫，意境深远，胸襟开阔，充满阳光，积极向上，体现了人间最真挚、最深厚的友情。尤其是“海内存知己，天涯若比邻”音调明快爽朗，语言清新高远，使人耳目一新，千古流传。

拓展

“三秦”指长安城附近的关中之地，即今陕西省潼关以西一带。在秦朝末年，________把关中分为三区，分别封给三个秦国的降将，所以称“三秦”。

A. 项梁　　B. 项羽

C. 胡亥　　D. 刘邦

廿三

送友人

［唐］李　白

青山横北郭①，白水②绕东城。
此地一③为别，孤蓬④万里征⑤。
浮云游子意，落日故人情。
挥手自兹⑥去，萧萧⑦班马⑧鸣。

注释

①郭：城外围城的墙。②白水：清澈的流水。③一：表示程度，加强语气。④蓬：蓬草，干枯后根株断开，比喻即将孤行的友人。⑤征：远行。⑥兹：此。⑦萧萧：形容马嘶鸣声。⑧班马：离群的马，这里指载人远离的马。

译文

青山横卧在城郭的北边，清澈的河水环绕在城郭之东。
我们马上就要在此分别，你像蓬草一样踏上万里征程。
游子行踪不定好似浮云，夕阳余晖恰似你我惜别之情。
我们在此挥手告别离去，载人远离的马也为此而长鸣。

赏析

这是一首情意深长的送别诗，诗中情意宛转含蓄，抒发难舍难分的情感。情景交融，新颖别致，色彩鲜艳，语言流畅，对景怀人，意味深远。

首联刻画送别环境，渲染离别气氛。诗人放眼望去，青翠的山峦横卧于城北，洁白的河水从城东缓缓绕过。以“青山”对“白水”，“北郭”对“东城”。“青”“白”相间，色彩鲜明而艳丽。“横”字刻出山之静态，“绕”字画出水之动态，用词准确而传神。

颔联表达对朋友漂泊生涯的深切关怀。“蓬”干枯后根株断开，遇风飞旋，诗人用“孤蓬”喻指远行的朋友，比喻十分形象。此句情感沉重，有不忍之情，非道一声珍重可比。

颈联触景生情，感到离别的不舍。诗人巧妙地用“浮云”“落日”作比，有景有情，情景交融。“浮云”比喻友人的行踪不定，任意东西，“落日”比喻自己像落日一样，不肯离开大地，表达对朋友依依惜别、恋恋不舍的心情。

尾联两句情意更切。“挥手自兹去”是分离时的动作，送君千里，终有一别，无声的“挥手”抒发难舍难分的情感。“萧萧班马鸣”将诗人内心的感受通过“马鸣”烘托出来。此句化用《诗经·小雅》中“萧萧马鸣”一句，嵌入“班”字，写出马犹不愿离群的动人场景。全诗写得有声有色，气韵生动，画面中流荡无限温馨的情意，感人肺腑。

拓展

名为《送友人》，全诗未见“送别”“离愁”之字，其笔端却饱含着依依惜别之情。清朝皇帝________对此诗大为赞赏，在《唐宋诗醇》中有评价：“首联整齐，承则流走，而下联健劲，结有萧散之致。大匠运斤，自成规矩。”

A. 康熙　　B. 雍正

C. 乾隆　　D. 嘉庆

廿四

长沙过贾谊①宅

［唐］刘长卿

三年谪宦②此栖迟③，万古惟留楚客④悲。
秋草独寻人去后，寒林空见日斜时。
汉文⑤有道恩犹薄⑥，湘水无情吊⑦岂知？
寂寂江山摇落处，怜君何事到天涯！

注释

①贾谊：西汉时期政治家、文学家。②谪（zhé）宦：贬官。贾谊曾被汉文帝重用，后被疏远。③栖迟：像鸟儿那样的敛翅歇息，此处指居留。④楚客：此处指流落在楚地的贾谊。⑤汉文：指汉文帝刘恒。⑥恩犹薄：恩情疏情义薄。⑦吊：凭吊。贾谊在长沙曾写《吊屈原赋》。

译文

贾谊被贬在此地居住过三年，万古留下你在楚地的悲哀。
人走后独自寻觅秋草中足迹，黄昏时只见到空寂的寒林。
汉文帝是明君尚且情疏义薄，湘江水无情凭吊有谁知情？
江山寂寞冷落草木纷纷凋落，可怜你不知为何天涯飘零！

赏析

刘长卿曾两遭贬谪，第二次贬谪来到长沙的时候，正是秋冬之交，写下了这首怀古诗。贾谊是汉文帝时著名的政论家，曾因权臣毁谤被贬到长沙，在长沙时写了《吊屈原赋》，以凭吊屈原来感喟自己的不幸遭遇。如今刘长卿凭吊贾谊，正像贾谊凭吊屈原一样，也是借古人来感慨自己的身世，自怜之意，溢于言表。

首联“三年谪宦”带来的是“万古”留悲，给人以抑郁沉重的悲凉之感。“栖迟”暗喻贾谊的失意和无可奈何，“楚客”表明贾谊心境是悲凉的、无助的，奠定了全诗抑郁沉重的感情基调。

颔联是诗人独自寻觅在斜阳之下的荒草寒林间，渲染出一幅萧条冷落、荒寒孤寂的日暮秋景图。常规语序为“人去后独寻秋草，日斜时空见寒林。”本处是倒装语序，通过对“人去后”“日斜时”的“秋草”“寒林”等景物的描写，渲染了萧条、凄冷的环境氛围，烘托了诗人孤独、寂寞的心境。

颈联溯古思今，从贾谊的间疏，隐隐联系到自己的遭遇。当时“有道”的汉文帝，对贾谊尚且这样薄恩，那么，此时昏聩无能的唐代宗对刘长卿而言当然更谈不上什么知遇之恩了。屈原哪能知道上百年后贾谊会来到湘水凭吊自己，贾谊也不会想到几百年后诗人也会来此地凭吊贾谊。

尾联用反问的形式控诉了无罪而受罚的不合理现实，道出了千古文人悲剧命运。“君”既指贾谊，也指诗人自己，“怜君”不仅是怜人，更是怜己。最后一句深深的叹息，表达了诗人对贾谊的同情，对汉文帝的指责，对自身孤独寂寞处境的感叹，以及对当今统治者的不满。

拓展

贾谊，西汉初年著名政论家、文学家，世称贾生。文帝时任博士，迁太中大夫，为梁怀王太傅，后因梁怀王坠马而死，贾谊深感歉疚，抑郁而亡，年仅33岁。司马迁对________、贾谊都寄予同情，为二人合写了一篇列传。

A. 屈原　　B. 蔡邕

C. 班固　　D. 董仲舒

廿五

剑门[①]道中遇微雨

［南宋］陆　游

衣上征尘[②]杂酒痕，
远游无处不消魂[③]。
此身合[④]是诗人未[⑤]？
细雨骑驴入剑门。

注释

①剑门：在今四川省广元市剑阁县北。②征尘：旅途中衣服所蒙的灰尘。③消魂：形容伤感或欢乐到极点，好似魂魄脱离躯体。一作“销魂”。④合：应该。⑤未：放在句末，表示疑问。

译文

衣服上满是杂乱的灰尘和酒痕，这次远行没有一处不让人伤感的。

我这一辈子就该做一个诗人吗？细雨中骑着一头毛驴进入剑门关。

赏析

此诗作于陆游由陕西南郑前线被贬成都做官途经剑门关时，感情深沉，委婉含蓄，采用借景抒情的表达方式，表达了对自己壮志难酬的忧愤。

前两句表明陆游此行是远离前线，远离战地疆场，到后方舒适的都市，这对一心想驰骋疆场、杀敌报国的陆游来说，是极度失落的。“征尘”既指调任途中所染的尘埃，也指战场上飞扬的尘土，“酒痕”表达离开前线的遗憾和无奈，只能以酒消愁。“远游”一词既可概括诗人三十年间行万里路的经历，也指这次入蜀地的远行。“无处不”是双重否定，等于确切的肯定。“消魂”指极度惆怅的心情。陆游本想施展抱负，并为此付出了很大的努力，然而这一切却付诸东流。

后两句流露出诗人内心的极度悲伤，表现出诗人心情无限激愤。诗人回想一生仕途的坎坷遭遇，面对壮志难酬的现实，于是自问：“我难道只该是一个诗人吗?”这次去后方充任闲职，重做纸上谈兵的诗人，是他无可奈何的自嘲、自叹、自哀。尾句“细雨骑驴入剑门”形象逼真，耐人寻味，与“铁马秋风大散关”形成鲜明的对比，陆游还有诗“夜阑卧听风吹雨，铁马冰河入梦来。”就连做梦都梦见自己骑着战马跨过冰封的河流出征北方疆场，如今衷情难诉，壮志难酬，“骑驴入剑门”不免黯然伤神。

这首诗的正常诗句顺序应该是：“细雨”一句为第一句，“衣上”一句为第二句，“远游”一句为第三句，“此身”一句为第四句。但这样一来，便平淡无味了。诗人别出心裁，巧妙搭配，含蓄地表达报国无门、衷情难诉的情怀。

拓展

自从石敬瑭将“幽云十六州”割让给契丹后，中国北方不但失去了天然防线，还失去了能养战马的牧场。两宋时期，整个北方都在契丹人和金人手下，宋王朝没法保证马匹供应。宋军为夺取幽州，宋太宗赵光义曾亲征，________非常激烈，耶律休哥身先士卒，宋军骑兵不足，连战连败，死者万余人，宋太宗乘驴车逃走，辽军一直追至涿州，这次战役正式宣告了五代的战争结束。

A. 幽州之战　　B. 涿州之战

C. 渔阳之战　　D. 高梁河之战

廿六

秋夜将晓出篱门迎凉有感（其二）

［南宋］陆　游

三万里河东入海，
五千仞①岳②上摩天③。
遗民④泪尽胡尘⑤里，
南望王师⑥又一年。

注释

①仞：古代计算长度的单位，周尺八尺或七尺，一尺约合二十三厘米。②岳：指五岳之一的西岳华山。③摩天：碰到天，形容极高。④遗民：指在金占领区生活的汉族人民。⑤胡尘：指金统治地区的风沙，此处借指金政权，指金人统治下的中原。⑥王师：指南宋朝廷的军队。

译文

三万里黄河东流汇入大海，五千仞华山高耸直入青天。

中原人民的眼泪已经流尽，盼望王师到来一年又一年。

赏析

组诗共两首，第一首表达诗人有心杀敌、无力回天的感慨。第二首中诗人热情地赞美了沦陷区的祖国大好河山，对沦陷区百姓的痛苦予以极大的同情，而对南宋统治者不收复失地表示无比的愤慨。此为第二首。

诗一开头祖国的大好河山立即扑面而来，蜿蜒曲折的黄河朝东流入大海，巍峨的山岳高攀直上云天。“三万里河”是指黄河，此时在金人统治之下。“五千仞岳”据诗人在《寒夜歌》所记：“三万里之黄河入东海，五千仞之太华磨苍旻。”“太华”即西岳华山，在今陕西省华阴市南，因其西有少华山，故称“太华”，当时也在金人占领区内。诗中“入”“摩”二字，就使人感到这黄河之横，华山之纵，不仅雄伟壮丽，而且气势恢宏。然而，这大好河山已陷于敌手将近半个世纪，自然使人感到无限愤慨。

后两句写尽在金人占领之地人们受到的苦难。“遗民”是被南宋王朝遗留在北方的广大百姓，曾经有李清照、辛弃疾这些文人，也都历尽千辛万苦才南渡到南宋领土。“泪尽”一词更含无限酸辛，那些无法南渡的百姓，只能以泪洗面，五十年来，早已“泪尽”了。中原广大人民受到沉重的压迫，经受长久的折磨，将“南望王师”的迫切心情跃然纸上。“又一年”是人们每一天每一年都在等待着，企盼大宋的军队能去拯救他们，收复这“三万里河”，夺回那“五千仞岳”。“又”字同时说明，在胡人铁蹄下苦苦挣扎的人民无数次失望的痛苦过程，饱含对南宋小朝廷偏安江南的鞭笞。

拓展

此诗作于公元 1192 年秋天，题目中“将晓”说明诗人感叹国事，夜不能寐，“篱门”说明当时陆游已在山阴故里村居。然而，此前宋与金已达成________，金宋两国皇帝以叔侄相称，宋割唐、邓、海、泗、商、秦六州与金。南宋从此偏安江南，宰相专权，纵情享乐，把大好河山、国恨家仇丢在脑后了。

A. 绍兴和议　　B. 嘉定和议

C. 海上之盟　　D. 隆兴和议

廿七

天净沙·秋思

［元］马致远

枯藤①老树昏鸦②，
小桥流水人家③，
古道④西风瘦马。
夕阳西下，断肠人⑤在天涯⑥。

注释

①枯藤：干枯枝蔓。②昏鸦：黄昏时要回巢的乌鸦。③人家：农家。④古道：古老荒凉的驿路。⑤断肠人：形容伤心悲痛到极点的人，此处指漂泊天涯、极度忧伤的旅人。⑥天涯：在天的边缘处，比喻距离很远。

译文

枯藤缠绕着老树，枝上栖息着乌鸦，
小桥下流水潺潺，桥边有几户农家，
古道上人贫马瘦，踽踽前行西风下。
夕阳渐渐地西下，旅人漂泊在天涯。

赏析

这首小令很短，只有五句二十八个字，全篇无一“秋”字，却以多种景物并置，组合成一幅寒秋夕照图。

让天涯游子骑一匹瘦马出现在一派凄凉的背景上，从中透出令人哀愁的情调，抒发了一个飘零天涯的游子在秋天思念故乡、倦于漂泊的凄苦愁楚之情。在词句的创意上，诗人大胆超前，语言极为凝练，九个名词，其间无一虚词，却自然流畅而意蕴丰富，让九种不同的景物沐浴在夕阳的清辉之下。与温庭筠《商山早行》中“鸡声茅店月，人迹板桥霜”极其相似，像电影镜头一样，将各个角度的剪影依次呈现在读者面前。“枯，老，昏，古，瘦”用字讲究，结构精巧，顿挫有致，渲染出格调苍凉、愁云笼罩的景象，烘托出诗人内心的悲戚。

第一幅画面里，几根枯藤缠绕着凋零的秃树，黄昏的乌鸦尚能有老树可归，小桥下是潺潺流水，桥边还有袅袅炊烟的农家小院，传递出有人家安居的田园景色是那样幽静而甜蜜，安逸而闲致。其中的“人家”体现出诗人对温馨家园的渴望之情。

第二幅画面里，在萧瑟的西风中，在寂寞的古道上，在沉沉的暮色里，旅人却骑着一匹枯瘦如柴的马，向着远方踽踽而行。在马前加一个“瘦”字，用“马”之瘦，衬出其人之贫，反衬路途跋涉之艰辛或求功名之困苦。有人说，到不了的地方叫作远方，回不去的地方叫作故乡，此时此刻，此情此景，让人读之，怎能不悲从中来，怎能不肝肠寸断！

拓展

这种奇妙的用字法，实在罕见。形象地描绘出天涯游子凄楚、悲怆的内心世界，给人以震撼人心的艺术感受。历来被人们推为小令中出类拔萃的杰作，被誉为“秋思之祖”，近代学者________评价这首《天净沙·秋思》，几百年来，它以其“深得唐人绝句妙境”的艺术魅力而脍炙人口。

A. 严复　　B. 王国维

C. 梁启超　　D. 陈寅恪

廿八

天净沙·秋

［元］白　朴

孤村落日残霞①，
轻烟②老树寒鸦③，
一点飞鸿影下④。
青山绿水，白草⑤红叶⑥黄花⑦。

注释

①残霞：快消散的晚霞。②轻烟：轻淡的烟雾。③寒鸦：天寒即将归林的乌鸦。④飞鸿影下：飞翔的大雁掠过。⑤白草：牧草。⑥红叶：枫叶、黄栌等红色树叶。⑦黄花：菊花。

译文

晚霞消散，太阳逐渐西沉，映照远处一座孤寂的村庄，
炊烟飘起，乌鸦栖息老树，发出几声令人心酸的啼叫，
远处一只大雁飞掠而下。
青山绿水、霜白牧草、火红枫叶、金黄菊花十分艳丽。

赏析

白朴这首小令《天净沙·秋》会让人联想起另一首脍炙人口的《天净沙·秋思》，无论写法还是构成的意境都有相似之处。诗人撷取最富北国秋日野外特征的几种景物，巧妙地组织在同一画面上，形成静谧而又斑斓的色调，在秋气横溢中显示出几分生机。

前两句中“孤村、落日、残霞、轻烟、老树、寒鸦”，与《天净沙·秋思》的前两句“枯藤、老树、昏鸦、小桥、流水、人家”一一对应，着力渲染出一派深秋凄凉之景。黄昏时分，如血残霞映照着一座孤零零的小村庄，夕阳淡淡，炊烟袅袅，几只归巢的寒鸦，静静地站立在老树枝头，忽然划过一只大雁，展现出在天边晚霞映衬下的一幅秋日黄昏图景。

“一点飞鸿影下”与《天净沙·秋思》中“古道西风瘦马”的凄楚悲怆之感明显不同，这一句中飞翔的大雁掠过，使画面静中有动。“青山绿水”一句一扫前人一悲到底的俗套，色彩鲜明地描绘出秋天的美景。一口气连续出现五种颜色，“青山绿水”是广阔的底色图景，“白草红叶黄花”这三种颜色，交杂在青、绿二种底色之中，这些明丽的色彩为这肃杀的气氛增添了许多生机活力。

诗人心思缜密，妙笔生花，描写秋天的自然景象层次分明，色彩斑斓，虽然在开始时，有一些萧瑟之意，然而，后来却以缤纷的色彩作结，终究是赏心悦目和韵味无穷的。

拓展

描绘秋景，历来是中国古代文人喜爱的题材，为表现它而不惜笔墨的诗人骚客代代有之，留下的作品更是多不胜举，但许多作品容易流入俗套。这首小令描写的是作者心中________之景，不仅不俗，还非常成功地将秋日迟暮萧瑟之景与明朗绚丽之景融合在一起。

A. 东部海边　　B. 江南田园

C. 西部边陲　　D. 北方原野

廿九

画鸡

［明］唐 寅

头上红冠不用裁①，
满身雪白走将②来。
平生③不敢轻④言语，
一叫千门万户⑤开。

注释

①裁：裁剪。②将：助词，用在动词之间。③平生：平素，平常。④轻：随便，轻易。⑤千门万户：形容人户众多。

译文

头上的红冠不用特别剪裁，身披雪白的羽毛雄赳赳地走过来。

它平素是不敢随便开口的，一旦啼叫千家万户都将起来开门。

赏析

《画鸡》是唐寅为自己的画作题写的一首诗，描绘了雄鸡高伟的形象。画中公鸡威武的姿态，高洁的品格，惊人的鸣叫，都表现了诗人的情怀和抱负。

第一句是静态描写，“头上红冠”是天生的，无须剪裁已经威风凛凛。第二句是动态描写，“满身雪白”是不加装饰依然优美华丽，“走将来”就是“走过来”，“将”是语气助词，表示趋向的动作。诗人用一大片的“雪白”衬托雄鸡的高洁，局部中的一点红，显示强烈的色彩对比，足见精丽华贵的工笔画风。雄鸡的动作、体态、神态一览无余，画面中雄鸡雄赳赳、气昂昂的形象跃然纸上。前两句描绘了雄鸡的威武，诗人赞颂它高洁品格的同时，也表现了诗人喜爱这种形象的思想。

后两句表现了雄鸡具备的美德和权威，这也是诗人心中的愿望和抱负。“平生不敢轻言语，一叫千门万户开”这是以人之心理比鸡之心理，尤其“不敢”一词用得十分贴切，诗人推测雄鸡的心理状态，它平常是不敢轻易说话的，因为一声鸣叫，意味着黎明到来。平生低调，不露声色，不鸣则已，一鸣惊人是它的本色。雄鸡一声鸣叫，千家万户都要打开门，迎接新一天的到来，把鸡的神态气质和报晓天性展现得淋漓尽致。

唐寅是中国画的集大成者，他吸取了众多优秀的画风画法，笔下花鸟类的物象刻画，通常加以真情实感的描绘，画面往往简洁明了，笔墨明净，格调秀丽，饶有韵味。

拓展

唐寅，因出生于寅年，故取名唐寅，字伯虎，是明朝著名画家、书法家、诗人。公元1499年，唐寅与明代地理学家、旅行家、文学家徐霞客的高祖________入京参加会试，因科举舞弊案而下狱，后被罢黜为吏。归家后夫妻失和，休妻后远游闽、浙、赣、湘等地。

A. 徐有勉　　　　B. 徐经

C. 徐洽　　　　D. 徐治

三十

满江红·怒发冲冠

［南宋］岳　飞

怒发冲冠[①]，凭阑[②]处、潇潇[③]雨歇。抬望眼、仰天长啸[④]，壮怀[⑤]激烈。三十功名尘与土[⑥]，八千里路云和月[⑦]。莫等闲[⑧]、白了少年头，空悲切[⑨]。

靖康耻[⑩]，犹未雪。臣子恨，何时灭。驾长车[⑪]，踏破贺兰山缺。壮志饥餐胡虏[⑫]肉，笑谈渴饮匈奴[⑬]血。待从头、收拾旧山河，朝天阙[⑭]。

注释

①怒发冲冠：气得头发竖起顶起帽子。②凭阑：身倚栏杆。③潇潇：形容风雨急骤。④长啸：大声呼叫。⑤壮怀：奋发图强的志向。⑥尘与土：如同尘土，微不足道。⑦云和月：披星戴月。⑧等闲：无端，平白地。⑨空悲切：白白的痛苦。⑩靖康耻：公元1127年，金兵掳走徽、钦二帝。⑪长车：古时兵车。⑫胡虏：秦汉时称匈奴为胡虏，后世用为与中原敌对的北方部族之蔑称。⑬匈奴：古代北方民族，这里指金入侵者。⑭朝天阙：朝见皇帝。

译文

我愤怒得头发竖直欲顶起帽子，身倚栏杆，一场急雨刚停下。抬眼看去，仰天长啸，奋发图强的志向激烈啊。三十岁得到的功名还微不足道，漫长征途上披星戴月。不要虚度年华，等头发花白了，独自悲伤凄切。靖康奇耻尚未雪洗。臣子的愤恨何时才能平息。我愿驾驶战车，踏破贺兰山的敌营。壮志同仇，笑谈贼敌，饿了就吃敌军的肉，渴了就饮敌军的血。等到收复中原失地后，再去朝拜皇帝。

赏析

上阕写北伐中原前功尽弃的局面令人悲愤，中原重陷敌手，自己努力立功的雄心壮志落空。“怒发冲冠”“仰天长啸”“壮怀激烈”都是词人胸中的怒火在熊熊燃烧、不可阻遏的表现。“三十功名尘与土”是对自己的评价，“八千里路云和月”是说出师北伐十分艰苦，任重道远，表现了词人强烈的爱国热忱。“莫等闲、白了少年头，空悲切”强烈地表达了人人都会老去，但不老的是一颗赤子之心，壮志豪情并不专属于年轻人，即使白发苍苍，还一往无前，才是最豪迈的人生。这种积极进取的抵抗派与主张议和的投降派形成了鲜明的对照。

下阕写词人对敌人的深仇大恨，对统一祖国的殷切期望，拥有忠于朝廷即忠于祖国的赤诚之心。“靖康耻”四句短小精悍，既承接上阕“怒发冲冠”的原因，又突出后文的愤恨之情。“壮志饥餐胡虏肉”和“笑谈渴饮匈奴血”都是以夸张的手法表达了岳飞对凶残敌人的憎恨之情，同时表现了岳飞英勇、自信、无畏和乐观的民族精神。“收拾旧山河”也就是收复中原，胜利归来，丹心碧血去“朝天阙”，写得情调激昂，写得荡气回肠，写得慷慨壮烈。

拓展

岳飞抗金是在女真贵族对南宋的战争中掳掠残杀下进行的。他先后________北伐，功绩不可磨灭，最终却以“莫须有”的罪名被杀害，当时年仅39岁。临刑前在狱案上挥笔写下“天日昭昭，天日昭昭”，表达了对投降派的最后抗议。

A. 四次　　B. 五次

C. 六次　　D. 七次

初一

望洞庭湖赠张丞相

［唐］孟浩然

八月湖①水平，涵虚②混太清③。
气蒸云梦泽④，波撼岳阳城⑤。
欲济⑥无舟楫⑦，端居⑧耻圣明⑨。
坐观垂钓者，徒有羡鱼情。

注释

①湖：指洞庭湖，在今湖南省北部。②涵虚：指水映天空。③混（hùn）太清：与天空混为一体。④云梦泽：今湖北省江汉平原上的古代湖泊群总称，或指古代大湖，在洞庭湖北面。⑤岳阳城：在洞庭湖东岸。⑥济：渡。⑦楫（jí）：船桨，也借指船。⑧端居：平常居处，闲居。⑨圣明：指太平盛世。

译文

八月洞庭湖水盛涨浩渺无边，天倒映在水中混成为一色。
云梦泽水气蒸腾白茫茫一片，波涛似乎要把岳阳城撼动。
我想渡水却苦于没有船和桨，太平盛世闲居又羞愧难当。
坐在湖边观看垂竿钓鱼的人，只能白白地怀有羡慕之情。

赏析

这是一首著名的干谒诗。诗人借景抒情，表达了希望有人引荐，积极出仕的愿望。题目中张丞相大多认为是张九龄（一说为张说），也是著名的诗人，他为人正直、选贤任能。此时，45岁的孟浩然西游长安，很想入仕，实现自己的人生理想，希望有人能给予引荐。以此诗献给张九龄（或张说），以求录用入仕。

诗的上半段是写景，写洞庭湖的景色，把八百里洞庭湖写得浩瀚无边，写得气象万千。开头两句交代了家乡洞庭湖水和天空浑然一体，景象是广阔浩渺的。“涵虚”指天空为水气所包含，即天倒映在水里。“混太清”即水天一色。接着写笼罩在湖上的水气蒸腾，吞没了“云梦”二泽，而“波撼”两字衬托湖水的波涛汹涌、澎湃动荡，也极为有力地描绘出洞庭湖浩瀚无垠、雄浑壮观的景象。在广阔的空间中，诗人体会到了个体的渺小与无助。

后四句描写宽广的天空，宽阔的湖面，自然而然地转入“欲济”，语义双关，既说无船渡河，又指欲仕而无人引荐。“端居耻圣明”用得极为得体，是说在这个太平盛世中，皇帝圣明，宰相清明，自己不甘心闲居无事，要出来做一番事业。诗人又进一步表达了急于入仕的决心，“垂钓者”明指当朝执政的人物，暗指张丞相。“徒有羡鱼情”的“羡鱼”用典贴切，语出《淮南子》的“临河而羡鱼，不如归家织网。”说看到别人都有事做，自己却只能旁观，这样虚度人生，真是罪过！孟浩然的表达虽然很委婉，但也能感知他很急切的心情。但结果仍然令孟浩然失望，未能入仕，只好心灰意冷地重回老家。

拓展

张九龄举止优雅，风度不凡，远见卓识，忠心尽职，秉公守则，直言敢谏，选贤任能，不徇枉法。张九龄去世后，________对宰相每次推荐公卿时，总问“风度得如九龄否？”因此，张九龄一直为后世人们所崇敬和仰慕。

A. 唐玄宗　　B. 唐高宗

C. 唐太宗　　D. 唐中宗

初二

望洞庭

［唐］刘禹锡

湖光秋月两相和①，
潭面无风镜未磨②。
遥望洞庭山③水翠，
白银盘④里一青螺⑤。

注释

①相和：相安，相互呼应协调。②镜未磨：指湖中的景物，隐约不清，如同镜面没打磨时一样。③山：指洞庭湖中的君山，也称为湘山、洞庭山。④白银盘：形容月光下平静的洞庭湖面。⑤青螺：形容君山如青绿色的螺一样。

译文

洞庭湖上月光和水色辉映，无风的湖面如同未磨的铜镜。

远望洞庭湖景色山青水绿，像白银盘子里托着一枚青螺。

赏析

刘禹锡在《历阳书事七十韵》序中称："长庆四年八月，予自夔州刺史转历阳，浮岷江，观洞庭，历夏口，涉浔阳而东。"此诗即刘禹锡上任途中经过洞庭湖时创作。描写了秋夜月光下洞庭湖的优美景色。体现了诗人热爱自然的情怀和虽然被贬却并不埋怨、豁达大度的胸襟。全诗运用丰富的想象，巧妙的比喻，独具匠心。

前两句描写秋日月夜，风平浪静的洞庭湖美景。“湖光”和“秋月”引发诗人遐想，一个“和”字恰到好处地展现出一幅波光粼粼、月光柔美的山水图。远望洞庭湖，湖面没有风，就像一面还没有打磨的铜镜，让人能够体会到洞庭湖别具一格的朦胧美，想象出洞庭湖在月光下安宁、缥缈、和谐、温柔的景象。

后两句将视线聚焦到湖中君山，描写君山秀丽的色彩。“山水翠”是君山的山水景色，君山是湖中一处小山，它四面环水，风景秀丽，竹木苍翠，风景如画。题目有“望”，诗中有“望”，“湖光秋月”“潭面无风”是近望所见，“洞庭山水”“青螺”是遥望所见。近景美妙、别致，远景迷人、秀丽，处处体现大自然的精致、优美。尤其是诗人把君山比喻成“白银盘里一青螺”，想象丰富，比喻恰当，色调淡雅，“银盘”与“青螺”互相映衬，相得益彰，给人以艺术享受。

拓展

刘禹锡在公元 793 年和________同榜进士及第，同年登博学鸿词科。两年后再登吏部取士科，又同在御史台任职。两人政治主张高度一致，同为革新集团的核心人物，两人成为一生挚友。但由于改革触犯了藩镇、宦官和官僚们的利益，两人被贬为远州司马。

A. 柳宗元　　B. 裴度

C. 韩愈　　D. 元稹

初三

马诗（其五）

［唐］李 贺

大漠[①]沙如雪，
燕山[②]月似钩。
何当金络脑[③]，
快走踏清秋。

注释

①大漠：广大的沙漠。②燕山：燕然山，此处借指边塞。③金络脑：用黄金装饰的马笼头，借指人才能大显身手，建功立业之意。

译文

大漠的平沙宛如茫茫白雪，燕山的月亮好似细细弯钩。

骏马何时能套上镶金笼头，像秋游一样驰骋在战场上。

赏析

李贺的《马诗》组诗共二十三首。名为咏马、赞马或慨叹马的命运，实际是借物抒情，抒发诗人怀才不遇的感叹和愤慨，以及内心建功立业的抱负和愿望。

前两句通过“大漠”的沙、“燕山”的月，描绘出燕山一带寒冷、荒僻、孤寂的环境，展示北方大地苍凉与悲壮，一种博大而深沉的情感笼罩着全诗。李贺是属于苦吟派诗人，写诗时十分注意炼字炼意，出语务为劲拔，注意独创，从前两句不难看出其用词之精当，“钩”是一种弯刀，从明晃晃的月牙联想到武器的形象，暗含战斗之意。用“沙如雪”“月似钩”精湛地勾勒出一幅燕山月色图景，正是骏马驰骋燕山原野的景色。

后两句中“金络脑”是贵重的马具，象征马受到重用。显然这是诗人期望建功立业而又不被赏识所发出的嘶鸣。“踏清秋”三字词语搭配新奇，“清秋”时草黄马肥，正好驱驰，冠以“快走”二字，形象地暗示出骏马轻捷矫健的风姿。结尾两句显示出这边塞争战之处，正是良马和英雄大显身手之地，骏马在艰苦的环境下却不以为苦，渴望套上黄金装饰的马络头，在漠北战场上轻快奔驰，就像清秋季节外出郊游一样。

《马诗》二十三首诗中，诗人一直自比为良马，虽然年少，但期望遇上英主，自己受到重用，尽量发挥自己的才能，愿一展雄才大志，干出一番轰轰烈烈的事业。

拓展

李贺是唐宗室郑王李亮后裔，有________之称，是中唐到晚唐诗风转变期的代表人物，是与“诗圣”杜甫、“诗仙”李白、“诗佛”王维齐名的唐代著名诗人。是继屈原、李白之后，中国文学史上又一位颇享盛誉的浪漫主义诗人。但其27岁而卒，也是一位短命的天才。

A. “诗道”　　B. “诗鬼”

C. “诗魔”　　D. “诗怪”

初四

泊秦淮

［唐］杜　牧

烟笼寒水月笼沙，
夜泊①秦淮②近酒家。
商女③不知亡国恨，
隔江犹唱后庭花④。

注释

①泊：停泊。②秦淮：河名，流经今江苏省南京市秦淮区。③商女：以卖唱为生的歌女。④后庭花：《玉树后庭花》的简称。南朝陈叔宝溺于声色，作此曲与后宫美女寻欢作乐，终致亡国。此曲为亡国之音的代表。

译文

烟雾笼罩秋水，月光笼盖白沙，小船夜泊秦淮，靠近岸边酒家。

歌女卖唱为生，哪知亡国之恨，隔着淮河轻唱，《玉树后庭花》。

赏析

唐朝末年，政治腐败，藩镇割据，诗人夜泊秦淮时，眼见当权者们的穷奢极欲，触景感怀。全诗既有对历史的深刻思考，又有对现实的深切隐忧，表现了诗人不忘历史教训、忧国忧民的思想感情。

首句写景，勾勒出柔和幽静的秦淮夜色。用两个“笼”字，把“烟”“水”“月”“沙”和谐地融合在一起。一个“寒”字，不但让人想到时值深秋，而且在心头掠过一丝寒意。诗人用清淡的笔墨，描绘轻轻的暮霭，淡淡的月光，显示出秦淮河一带特有的清幽、朦胧、梦幻、冷寂。次句点题，“夜泊秦淮”点出时间、地点，以“近酒家”引发思古之幽情，主次分明，重点突出。虽然唐朝都城不在这里，但金陵秦淮河一带一直是权贵富豪游宴取乐之地，两岸酒家林立。“酒家”让人感知灯红酒绿，醉生梦死，处处弥漫着靡靡之音。

后两句运用曲笔方式，蕴含诗人对世道的感慨。“商女”是侍候他人的歌女，客人让她唱什么她就唱什么，虽然也是“不知”，但真正“不知”的是那些正在欣赏和陶醉其中的贵族、官僚、豪绅。如今国势衰微，藩镇割据，这些人又与南朝荒淫误国的陈后主有什么两样呢？“隔江”二字暗含深意，是指当年隋兵陈师江北，一江之隔的南朝小朝廷危在旦夕，而陈后主依然沉溺声色。“犹唱”二字巧妙地将历史与现实联系在一起，仿佛当年一曲《玉树后庭花》至今还在，余音未绝。《玉树后庭花》自然是“亡国恨”，诗人借陈后主之事，深刻而犀利地鞭笞权贵们在国事衰颓之年，还沉溺于声色，可耻可悲可叹。

拓展

南朝皇帝陈叔宝宠幸贵妃________，不理朝政，整日饮酒赋诗。其作《玉树后庭花》：“丽宇芳林对高阁，新装艳质本倾城；映户凝娇乍不进，出帷含态笑相迎。妖姬脸似花含露，玉树流光照后庭；花开花落不长久，落红满地归寂中！”写后宫嫔妃们娇娆媚丽，堪与鲜花比美，其词哀怨靡丽，后来成为亡国之音的代称。但陈后主奢侈的日子十分短暂，前后不足七年。

A. 潘玉儿　　　　B. 徐昭佩

C. 杨丽华　　　　D. 张丽华

白露

月夜忆舍弟[①]

［唐］杜　甫

戍鼓[②]断人行[③]，边秋一雁[④]声。
露从今夜白，月是故乡明。
有弟皆分散，无家问死生。
寄书长不达[⑤]，况乃[⑥]未休兵。

注释

①舍弟：家弟。杜甫四弟分别是杜颖、杜观、杜丰、杜占。②戍（shù）鼓：古时守边军士所击的鼓声。③断人行：隔断人行，指宵禁。④一雁：孤雁。比喻兄弟分散。⑤长不达：一直送不到。⑥况乃：况且，何况。

译文

戍楼的更鼓声说明开始宵禁，边塞的秋夜里传来孤雁哀鸣。
从今夜开始进入了白露节气，月亮还是故乡的才最为明亮。
我的弟弟们都各自分散四方，家都没了也不知道他们生死。
寄往洛阳的家书一直送不到，况且现在的战乱还尚未停止。

赏析

安史之乱爆发后，杜甫身在秦州，杜颖、杜观、杜丰、杜占几位弟弟分散在山东、河南一带，由于战乱阻隔，音信不通，引发杜甫对舍弟们强烈的忧虑和思念，在夜里对月思人，也概括了安史之乱带给广大人民悲惨的遭遇。

首联描绘了一幅边塞秋天的图景，渲染浓重悲凉的月夜氛围。“戍鼓”声声，开始宵禁，说明已到夜黑时分，“边秋”是边塞的秋天，杜甫在公元759年立秋后西去秦州，即今甘肃省天水市一带，开始漂泊的生活。在边塞秦州听到“雁声”和“戍鼓”，不免心中涌起无限凄凉。

颔联使用借景抒情的手法，点明时令。白露是二十四节气之一，夜晚寒意袭人，思亲情绪油然而生。“露从今夜白，月是故乡明”一句的意思是露水从今夜开始更凉、更白，月亮还是故乡的最圆、最亮，这里的景象融入了诗人的主观感受，是诗人思亲、思乡情感的真实体现。

颈联由望月转入抒情，层层递进，令人倍感凄凉。“有弟皆分散”说明弟兄们四散各地，表达战乱的残酷。“无家问死生”进一步说家已无存，互相间都无从得知死生的消息。家是亲人们感情的挂念、避风的港湾、心灵的田园、亲情的纽带，如今家已荡然无存，兄弟生死难卜，令人焦虑不安，肝肠寸断。

尾联进一步抒发诗人内心的忧虑之情。亲人们居无定所，平时寄书尚且常常不达，更何况战事频繁，生死茫茫当然更难预料。“忆舍弟”情真意切，感人至深。全诗字字忆弟，句句有情，千思万绪从诗人笔下奔涌而出。

拓展

诗中“未休兵”是指此时叛将史思明正与唐将李光弼激战，史称________。公元758年九月至次年三月，朔方节度使郭子仪、河东节度使李光弼等九位节度使率各部唐军围攻今河北省邯郸，但九路兵马被狂风惊散溃败，郭子仪退至河阳桥，李光弼返回太原，其余节度使各回本镇，洛阳被史思明占领。

A. 洛阳之战　　B. 睢阳之战

C. 邺城之战　　D. 范阳之战

初六

宿建德江[1]

［唐］孟浩然

移舟[2]泊烟渚[3]，
日暮客[4]愁新。
野旷[5]天低树[6]，
江清月近人[7]。

注释

①建德江：指新安江流经今浙江省杭州市建德市的一段。②移舟：划动小船。③渚（zhǔ）：水中间的小块陆地。④客：指诗人自己。⑤野旷：荒野空阔。⑥天低树：天幕低垂，好像和树木相连。⑦月近人：倒映在水中的月亮更靠近人。

译文

划船停靠在烟雾弥漫的小洲边，傍晚时分我又增添了几分忧愁。

荒野空阔天空好像和树木相连，清江水中倒映的明月离人更近。

赏析

此诗作于孟浩然第一次赴长安应试不中之后，唐玄宗对其诗文不悦，放归襄阳。孟浩然辗转于吴越之间，通过对眼前所见景物的描写，把诗人内心的忧愁苦闷写得淋漓尽致。

首句点题并为抒情做准备。此时诗人借以漫游吴越排遣仕途失意的郁闷。建德江是新安江流经建德的一段，诗人羁旅夜泊，移舟近岸，岸上却烟雾弥漫，渲染出一种迷蒙的气氛。次句是诗人此刻的心情，是全诗抒情的基调。“日暮”显然和上句的“泊”“烟”有联系，因为“日暮”，“舟”需要停宿，因为“日暮”才呈现烟雾缭绕。本应停下行船，静静地休息一夜，消除旅途的疲劳，谁知这种景物反而增添了诗人的忧愁。“客愁新”是羁旅之愁又蓦然而生，“日暮客愁新”一句将承、转两重意思糅合在一起了。

后两句对仗工整，格调浑成，用虚实相称来反衬愁绪。第三句写日暮时刻，暮色苍茫，旷野无边，抬眼望去，远处的天空显得比近处的树木还要低，“低”和“旷”是相互依存、相互映衬的。第四句则写明月升空，高高地挂在天上，倒映在澄清的江水中，和“舟”中的人是那么近，“近”和“清”也是相互依存、相互映衬的。

诗人言愁而不说破，只留下这“野”“天”“树”“江”“月”“人”六个景观，戛然而止，是对羁旅的惆怅？是对故乡的思念？是对仕途的失意？还是对理想的期待？任凭读者去联想。

拓展

公元727年，孟浩然已经三十八九岁，第一次赶赴长安进行科举考试。然而，科举不中。但他有幸结识了诗人兼画家的________，并为孟浩然画了一幅画像，两人成为忘年之交，后来二人共同的艺术成就代表了新的唐诗流派。

A. 颜真卿　　B. 王维

C. 柳公权　　D. 张旭

初七

秋夜寄邱员外①

［唐］韦应物

怀君属②秋夜，
散步咏凉天。
空山松子落，
幽人③应未眠。

注释

①邱员外：名丹，苏州嘉兴人。一作“丘员外”。②属：恰好遇到。③幽人：幽隐之人，隐士。此处指邱员外邱丹。

译文

适逢深秋的夜晚怀念起你，散步咏叹这般清凉的秋天。

空寂山中不时有松子掉落，试想员外应该还未睡眠吧。

赏析

这是一首怀人诗，是韦应物的五绝代表作之一。邱丹邱员外排行二十二，此诗又作《秋夜寄邱二十二员外》。诗人从自己秋夜散步，推想友人亦应未眠，写出两心相通，感情深厚。表现诗人对朋友的思念以及此时自己的孤寂之情。全诗从容下笔，淡淡着墨，意境空灵，言简情深，使人感到韵味悠长，玩味不尽。

前两句写诗人自己，即怀念友人之人，是实写。“怀君属秋夜，散步咏凉天。”点明季节是秋天，时间是夜晚，展示出诗人重感情、思朋友、边散步边想朋友的谦谦君子形象。“秋夜”之景寒风萧瑟，夜静山空，与忧伤淡雅的“怀君”之情彼此映衬。诗人漫步在凉风习习的秋天，其中悠闲“散步”，可照应“怀君”，“凉天”暗合“秋夜”，承接自然，语淡而情浓，言短而意深。

后两句突然一转，触景而联想到远方友人，是虚写。友人此时正在临平山学道，想必秋山中一片空寂，可以听到松子落地的声响。在如此幽寂的环境中，他应该还没有进入梦乡吧。“空山松子落”一作“山空松子落”（南宋洪迈《万首唐人绝句》），遥承“秋夜”“凉天”，是从眼前的凉秋之夜，推想友人所居之处的秋声。第四句“幽人应未眠”，承接“怀君”和“散步”，是从自己正在怀念友人，正在徘徊，推想对方也应该未眠，这是千里神交。这两句构思巧妙，出于想象又不脱离现实，既是从前两句生发，又是前两句诗情的深化。

拓展

韦应物早年豪纵不羁，横行乡里，15岁为唐玄宗近侍，出入宫闱，因目睹安史之乱时，玄宗奔蜀，贵妃刺死，将他从大唐迷梦中彻底惊醒，开始发奋读书，立志报国，用自身行动诠释了浪子回头金不换的精神。从公元781年到783年，韦应物接连升职，晚年任________。在任上勤政爱民，并时时自我警醒，以至于他离任时竟一贫如洗，甚至无回京的路费，寄居于无定寺而终。

A. 苏州刺史　　B. 杭州刺史

C. 连州刺史　　D. 江州刺史

初八

江楼感旧

［唐］赵　嘏

独上江楼思渺然①，
月光如水水如天②。
同来望月人何处？
风景依稀③似去年。

注释

①思渺（miǎo）然：思绪怅惘的样子。②水如天：水天一色。③依稀：仿佛，好像。

译文

独自登上江边高楼思绪怅惘，月光与江水交相辉映水天一色。

昔日同来赏月的人身在何方？好像这里的风景还与去年一样。

赏析

这是一首纪游诗。诗人在江边一处楼台旧地重游，怀念友人，写了这首感情真挚的怀人之作。末二句“同来望月人何处？风景依稀似去年”与崔护“人面不知何处去？桃花依旧笑春风”有异曲同工之妙。

前两句写登楼所见。在一个清凉寂静的夜晚，诗人独自登上江边的小楼。“独上”表明一个人上楼，透露出诗人寂寞的心境。“思渺然”三字，表达此时诗人思绪怅惘，形象地表现出他那凝神沉思的情态。为“感旧”埋下了伏笔。诗人登上“江楼”，放眼望去，天空清朗幽美，银色的月光倾泻在波光荡漾的江面上，水天无垠，空阔无边。环境的空旷冷落更加重了诗人情思落寞的心境。两个“如”字，两个“水”字，这种叠字回环的技巧，把水乡月夜那种天光、月影、水色三者浑然一体的景色描绘得形象逼真，且与诗人的心境相互映照。

后两句写登楼所想。第三句用设问的方式引起情感上的波澜，往事可能是不堪回首的。“同来”与第一句“独上”相应，巧妙地暗示故地重游，今昔不同的情怀。昔日一起登楼赏月者不知已经漂泊何方，而诗人却又辗转只身来到江楼，如今楼阁依旧，风景依旧。

诗中没有确指“同来望月人”是家人、情人还是友人，可任凭读者想象。不过，诗人却有着一段悲情故事，赵嘏在考取进士的前一年中元节，爱妾在家乡的鹤林寺进香时被当地官员看中，强行拉走，顿感凄惨欲绝。后来地方官得知赵嘏高中进士，将其爱妾送回来，夫妻两人抱头痛哭一夜。然而，世事难料，这位整整哭了一夜的爱妾，第二天竟然香消玉殒，再也没能醒过来。

拓展

赵嘏（gǔ）考取进士的那年秋天，登城游览京城长安，凭高而望，眼前凄冷清凉的云雾缓缓飘游，写了一首七律《长安秋望》，其中有“残星几点雁横塞，长笛一声人倚楼”之句被大诗人________看到，当即大为欣赏，并称赵嘏为“赵倚楼”。

A. 杜牧　　B. 李商隐

C. 常建　　D. 白居易

初九

嫦娥[1]

［唐］李商隐

云母屏风[2]烛影深，
长河[3]渐落晓星[4]沉[5]。
嫦娥应悔偷灵药[6]，
碧海青天夜夜心[7]。

注释

①嫦娥：传说中后羿的妻子，后从人间飞升到月亮。②云母屏风：以云母石制作的屏风或窗户。③长河：银河。④晓星：晨星。⑤沉：降落，沉没。⑥灵药：指传说中长生不死的仙药。⑦夜夜心：指嫦娥因为孤独而夜夜悔恨。

译文

烛影深深地映在云母石做的屏风上，银河渐渐落下晨星随之消失。

嫦娥应当后悔偷吃了长生不死仙药，面对碧海青天夜夜孤独悔恨。

赏析

诗题是《嫦娥》，但并非咏月中嫦娥，似是描写和嫦娥的处境、心情相仿的诗人内心的感受。

前两句描绘诗人所处的环境和夜中不寐的情景。首句“云母屏风烛影深”写室内云母屏风上笼罩着一层深深的烛影，说明诗人一夜无眠，越发显出室内的空寂清冷。次句“长河渐落晓星沉”写窗外银河逐渐下移垂落，寥落晨星仿佛默默无言地隐没。“烛影深”“长河落”“晓星沉”都表明时间在推移，天色已到将晓而未晓之际，流露出诗人在长夜里独坐的黯然心境。诗人没有写明月，但此时将晓而未晓的天空中应该只有月亮的光芒没有消散，侧面渲染了青天孤月的画面。

后两句描写广寒宫中嫦娥在漫漫长夜中独守的心理活动，永无止境，凄凉孤寥。在同样孤寂的诗人眼里，这孤居广寒宫殿、寂寞无伴的嫦娥，其处境和心情不正和自己相似吗？从“应悔”二字来看，是诗人同病相怜的揣度，揣度月中的嫦娥想必也懊悔当初偷吃了不死药，以致年年月月、日日夜夜幽居月宫，只能面对这碧海青天，心情一定是孤苦寂寞、无限伤感的吧。当初执着的追求，看似幸运的背后却是始料未及的冷清。

写嫦娥可能也是写自己，诗人身处“牛李党争”的宦官专权时期，朝廷官员中反对宦官的大都遭到排挤打击。李商隐看似仕途风光的背后，一生都处于“牛李党争”的夹缝之中，自然郁郁不得志。诗人在感情方面又不得善终，是孤苦漂泊的一生。

拓展

嫦娥是中国上古神话中的仙女，嫦娥原名姮娥、恒娥，因犯________忌讳而改名嫦娥。“嫦娥奔月”神话源自古人对月亮的崇拜，民间有其多种传说以及诗词歌赋流传，多以鲜明的态度和绚丽的色彩歌颂、赞美嫦娥。

A. 汉武帝　　B. 汉惠帝

C. 汉文帝　　D. 汉景帝

初十

峨眉山①月歌

［唐］李　白

峨眉山月半轮秋②，
影入平羌③江水流。
夜发清溪④向三峡，
思君不见下⑤渝州⑥。

注释

①峨眉山：在今四川省峨眉山市西南，有两座山峰相对，望之如蛾眉，故名。②半轮秋：上弦秋月形似半个车轮。③平羌：即青衣江，大渡河的支流，在今四川省中部峨眉山东北。④清溪：指清溪驿，在今四川省乐山市犍（qián）为县，在峨眉山附近。⑤下：顺流而下。⑥渝州：唐代州名，属剑南道，治所在巴县（今重庆市境内）。

译文

峨眉山上悬挂着半轮明月，月影倒映在澄澈的平羌江水面上。

夜里从清溪出发去往三峡，想你而不得见就顺流去往渝州了。

赏析

李白辞亲远游，初次离开蜀地，开始了长期的漫游生活。这首诗是写他离开四川途中对家乡的依恋，展现了一幅千里江行图，意境明朗，音韵流畅，声调铿锵，词语搭配新奇。

诗中连用了五个地名，极为少见，诗人依次经过的地点是：峨眉山—

平羌—清溪—三峡—渝州，诗境就这样渐次展开。首句点出远游的时令是在秋天。“峨眉山月”也是故乡之月，上弦月大概在农历初八之后，这时我们可以看到月亮明亮的半面，这时的月相叫“上弦”。上弦月只能在前半夜看到，半夜时分便没入西方。“影入平羌江水流”写月夜中江水之美，楚楚动人，“入”和“流”两个动词说明也只有观者顺流而下，才会看到“影入江水流”的妙景。此时的诗人夜晚还在行船，与故乡渐行渐远，明月最能寄相思，诗人思乡的愁绪淡淡涌出。

后两句足见李白的诗词功夫，王士祯称此诗是太白佳境。“夜发清溪”是实写，若由“清溪”直接写到“渝州”，则成地名罗列，索然无味，而“三峡”却是在虚实之间，作为地名，“三峡”属实，但此“三峡”是指哪个三峡，诗人并没有交代，无疑它又在想象之中。末句“思君不见下渝州”道出“见不到君”的无限情思，可谓语短情长。全诗意境清朗优美，语言浅近，自然天成，为李白脍炙人口的名篇之一。

拓展

据《乐山县志》记载，“三峡”指今四川省乐山市嘉州小三峡：犁头峡、背峨峡、平羌峡，清溪在犁头峡之上游。大三峡指长江三峡：瞿塘峡、________、西陵峡。

A. 虎跳峡　　B. 龙泉峡

C. 金口峡　　D. 巫峡

十一

过三闾庙[1]

［唐］戴叔伦

沅湘[2]流不尽，
屈子[3]怨何深[4]。
日暮秋烟[5]起，
萧萧[6]枫树林。

注释

①三闾（lǘ）庙：即屈原庙，因屈原曾任三闾大夫而得名，在今湖南省岳阳市汨罗市境。题目又作《题三闾大夫庙》。②沅（yuán）湘：指湖南的沅江和湘江，也是屈原诗篇中常常咏叹的两条江流。③屈子：指屈原，主张对内举贤能，修明法度，对外力主联合齐国对抗秦国，后因遭贵族排挤，被流放沅、湘流域。④何深：多么深。⑤秋烟：一作“秋风”。⑥萧萧：形容风吹树木发出的声响。

译文

沅江湘江滚滚向前滔滔不尽，屈原的悲愤似江水一样深沉。

日暮时分一阵秋风飒飒吹起，庙里的枫树林一片萧萧声音。

赏析

诗人经过长沙府湘阴县北的三闾庙，江上秋风起，枫叶飘摇落，睹物思人，凭吊1000多年前楚国的诗人、政治家屈原。通过对三闾庙周围景色的描写，表现了诗人对屈原悲惨遭遇的同情，抒发了无尽的怀念之情。

前两句以沅江和湘江的滔滔不绝，无穷无尽，来比喻诗人屈原的怨恨之深。屈原是中国历史上伟大的爱国诗人，中国浪漫主义文学的奠基人，屈原创作的《楚辞》，标志着中国诗歌进入了一个由大雅歌唱到浪漫独创的新时代。可是，屈原投江之后，已经无处可以呼唤他的归来。诗人用“怨”字点明愁怨好似沅江、湘江的江水一样深沉，围绕一个“怨”字，用“何深”表明怨之深重，抒发对屈原其人其事的无限感怀。因为屈原的《离骚》《九章》《九歌》《天问》等，都散发着炽热的爱国主义思想感情，屈原在政治斗争中坚持理想、宁死不屈、追求真理的精神为后世所景仰。

后两句含蓄蕴藉地表达了一种感慨不已、哀思无限的凭吊怀念之情。末尾两句化用屈原《九歌》《招魂》中的诗句：“袅袅兮秋风，洞庭波兮木叶下”，以及“湛湛江水兮上有枫，目极千里兮伤春心。魂兮归来哀江南!”之句。季节是“秋风起”的深秋，时间是“日暮”，景色是“枫树林”，再加上“萧萧”这一叠词的运用，更觉幽怨不尽，追思无限。秋风萧瑟，景象凄凉，一片惨淡气氛，诗人融情入景，使读者不禁陷入感慨沉思。

拓展

屈原提倡“美政”，主张对内举贤任能，修明法度，对外力主“联齐抗秦”。据司马迁《史记·屈原贾生列传》载，屈原曾任楚国的________官职，对内“与王图议国事，以出号令”，对外“接遇宾客，应对诸侯”。

A. 令尹　　B. 左徒

C. 太仆　　D. 司马

十二

中秋月（其二）

［唐］李　峤

圆魄[①]上寒空，
皆言四海[②]同。
安知[③]千里外，
不有雨兼风。

注释

①圆魄：指中秋圆月。②四海：全国上下。③安知：哪里知道。

译文

中秋圆月升上寒冷夜空，都说四海之内月色一样。
哪里知道远在千里之外，那里不会是疾风骤雨呢。

赏析

古代诗歌中写月的诗句、辞赋不胜枚举。尤其是写中秋月的最多，或望团圆之月，思念离别之人；或亲朋聚于月下，享受团圆之情。李峤的《中秋月》是组诗，共两首，第一首讲述月亮在遥远的天空中，它总在不断变化，只有吹在月亮上的东风是亘古不变的，丹桂从来没有一根枝丫长到月亮外面来破坏月亮的美感。这首广为流传的“圆魄上寒空”是《中秋月》组诗中的第二首，诗句与以往不同，借咏中秋的月亮，重在说理，提出了一种新的看法，让人耳目一新。

首句展现出夜晚天气晴朗，明月当空，冰清玉洁，天地之间充斥着皎洁明亮的月光。用“圆魄”比喻月亮，“圆”是其形态，“魄”是其精神，“寒空”点明八月十五仲秋时节。紧接着第二句“皆言四海同”引出人们普遍的认知。“皆”统称一般的人，由“言”，导出议论，为下面的说法提出源头。古人限于认知条件和能力，看到皓月清辉，弥漫天宇，便误以为普天之下莫不如此。现在看来这种想法自然是主观的、片面的、表面的，但如同地球是平的还是圆的，观念的转变需要历史检验和人为推动。诗人认为人们以此时此地皓月当空而想象四海皆同，是以此代彼、以偏概全的说法。

后两句“安知千里外，不有雨兼风。”以反诘语出之，实为肯定之意。曹植在《泰山梁甫行》就有过“八方各异气，千里殊风雨”之句。诗中“千里外”是空间的跨度，“雨兼风”可实指微风细雨、狂风暴雨、疾风骤雨，也虚指人生无常和艰辛。诗人借此提出，你怎么会知道千里之外的世界，没有风雨交加呢？以咏月为题，却揭示了一个道理：世上的事千差万别，千变万化，千奇百怪，不可能千篇一律。

拓展

李峤在公元698年至706年期间曾三度拜相，后因追究“韦后之乱”时以“身为宰相，不能匡正”而被贬。李峤是武后、中宗时期的文坛领袖，与杜审言、崔融、苏味道并称________，其诗作在中唐时期随遣唐使东渡至日本。

A. “文章宿老”　　B. “文章四友”

C. “初唐四杰”　　D. “四大贤相”

十三

月夜

[唐] 杜甫

今夜鄜州①月，闺中②只独看③。
遥怜小儿女，未解④忆长安。
香雾⑤云鬟⑥湿，清辉玉臂寒。
何时倚虚幌⑦，双照⑧泪痕干。

注释

①鄜（fū）州：今陕西省富县。②闺中：指女子所住的地方，内室。③看：一为读（kān），一为读（kàn），遥看。④未解：尚不懂得。⑤香雾：意指香气从涂有膏沐的头发中散发出来。⑥云鬟（huán）：高耸的环形发髻，泛指乌黑秀美的头发。⑦虚幌（huǎng）：透明的窗帷。⑧双照：月光照着俩人，表示对未来团聚的期望。

译文

今夜鄜州上空的那轮圆月，只有你在闺房中独自遥看。
遥想天真幼稚的小儿女们，尚不懂得望月怀人的心情。
你那乌黑芬芳的头发已湿，如玉的臂膀浸透月光清寒。
何时才能和你一起倚着窗，让月光照着我俩直待泪干。

赏析

首联点明时间、地点，构思独特，曲折婉转。“鄜州”是诗人妻子所在的地方，“闺中”指代妻子。明明是诗人在长安望月，思念妻子和家人，却从对方着笔，想象远在鄜州的妻子正独自望月，思念长安的丈夫之情景。

颔联用小儿女的“不解”衬托妻子“独看”的心情，并点明“独看”在于“忆长安”。因为安史之乱前后，杜甫困居长安十年，其中有一段时间，是与妻子在一起度过的，曾一同观赏长安的明月，这自然就留下了深刻的记忆。故说“遥怜”“未解”，小儿女们还小，天真幼稚，还不能理解父母望月怀人的心情。

颈联通过想象妻子独自望月的形象描写，进一步表现“忆长安”。诗人想象妻子望月久立，头发雾湿，玉臂清寒，衬托出大人们之间的思念深情，更显出夫妻之间深厚的爱意，也显示出诗人对妻子独居孤村的怜惜。

尾联则表达夜深不寐的时候，自己也不免伤心落泪。两地看月而各有泪痕，何时才能从“独看”到“双照”？何时才能坐在一起，让月光的清辉透过窗帷照在我们挂有泪痕的脸庞上？到那时，想起当年的孤独是多么的难捱，今日的重逢是多么的可贵啊！

拓展

公元756年的六月，长安被安史叛军攻陷，玄宗逃蜀，杜甫不得不带着自己的一家老小加入了难民队伍。他将妻子和儿女安置在鄜州的羌村后，得知肃宗在灵武即位，只身前往，在路途上被________队伍所俘，押解到长安。当年八月，杜甫被囚禁长安时，望月思家而作此诗。

A. 唐肃宗　　B. 叛军

C. 唐玄宗　　D. 官军

十四

望月怀远[①]

［唐］张九龄

海上生明月，天涯共此时。
情人[②]怨遥夜[③]，竟夕[④]起相思。
灭烛怜[⑤]光满[⑥]，披衣觉露滋[⑦]。
不堪盈手[⑧]赠，还寝梦佳期[⑨]。

注释

①怀远：怀念远方的人。②情人：多情的人。③怨遥夜：抱怨夜长。④竟夕：终夜，通宵。⑤怜：爱惜。⑥光满：月光满屋。⑦露滋：夜露寒凉。⑧盈手：满手。⑨佳期：美好时光。

译文

海面上新升起一轮明月，此时你我天各一方共赏。
有情的人抱怨月夜漫长，思念怀想以致整夜无眠。
灭烛后怜爱满屋的月光，夜露寒凉起身披上衣衫。
不能满手捧起月光赠你，不如梦里共度美好时光。

赏析

起句“海上生明月，天涯共此时”意境雄浑，景色壮阔，是传诵至今的千古佳句。站在茫茫海边，看着海面上升起一轮明月，此时诗人想起了亲人，想象中亲人也在天涯共看着这轮明月。“情人怨遥夜，竟夕起相思”，刻画多情的人在这漫漫月色中，因月的清辉最易引入相思，相思导致夜不能眠，这一声“怨遥夜”蕴含着无限深沉的感情。

后四句处处体现情深意切，描写细致入微。“灭烛”正是为了欣赏月光，“披衣”则是为了追寻月亮。夜已深了，天气要更凉一些，秋日的露水也沾湿了身上的衣衫。这里的“滋”字不仅是润湿，而且暗含滋生之意，词语搭配极妙，细致地写出深夜对月不眠的实情实景。但月光虽可爱，却不能用手捧，更不能相馈赠，既然这美丽的月光“不堪盈手赠”，不如入梦，希望能在梦里与你共度一段美好的时光。

人生难得是欢聚，唯有别离多。人们总是在不断地告别、分离，告别和分离是人生百味中最苦的一味，“情人怨遥夜，竟夕起相思”实属无奈。全诗构思巧妙，借景抒情，虚实结合，气韵纯厚，意境清新。既写出彼此共对皓月之境，巧妙地把写景和抒情融合起来，又蕴含怀远之情，也为读者留下丰富的想象空间。

拓展

张九龄是唐朝开元年间的宰相、政治家、文学家、诗人，西汉________之后代，在朝中任宰相期间，提出以“王道”替代“霸道”的从政之道，强调保民育人，反对穷兵黩武，后遭李林甫诽谤排挤，于开元二十四年（公元736年）罢相。这首《望月怀远》应写于张九龄遭贬至荆州长史以后。

A. 张仓　　B. 张骞

C. 张汤　　D. 张良

中秋

阳关曲·中秋月

［北宋］苏　轼

暮云收尽溢①清寒②，
银汉③无声转玉盘④。
此生此夜不长好，
明月明年何处看。

注释

①溢：满出。此处指月色如水。②清寒：清朗而有寒意。③银汉：银河。④玉盘：此处指月亮。

译文

夜幕下云气散去，月色清朗而有寒意，月亮随银河运转悄悄升起。

这样美好的夜晚，一生之中不会常在，明年将在何处观赏明月呢。

赏析

此词作于苏轼与其弟苏辙七年来首度相见时的中秋夜。当时，苏辙陪他同赴徐州，八月中秋之后方才离去。这次兄弟相聚后共度中秋，共赏明月，不久即将分别，苏轼写下了这首词，抒发了聚后不久又要分手的哀伤与感慨。

首句从“暮云”写起，用笔富有新意，明月先被云层遮住，夜间的环境一定是黑暗的，一旦“暮云收尽”，月光倾洒而下，才显得月到中秋分外明。此处用“收”字更富有一层静谧动态的意境，而“溢”字则有月光如水、水满则溢的感觉，给人以动态的想象。在这寂静之夜，月朗星稀，“银汉无声”缓缓移动，天空浩渺、天宇空阔的感觉便由此传出。“白玉盘”取自李白的《古朗月行》“小时不识月，呼作白玉盘”之句。这两句并没有写赏月之人，但全是赏心悦目之意，而人自在其中。

后两句由眼前之景转到“此生”感慨和“明年”企盼。诗人说我这一生中每逢中秋之夜，月光多为风云所掩，很少碰到像今天这样的美景，真是难得啊！可明年的中秋我又会到何处观赏月亮呢？“此生此夜”与“明月明年”作对，字面工整，“明月”之“明”与“明年”之“明”，音同而意不同，实是妙手偶得。

写此词的前一年（公元 1076 年）中秋，苏轼在密州时还写了著名的《水调歌头·明月几时有》，在词前的序言中说：“丙辰中秋，欢饮达旦，大醉，作此篇，兼怀子由。”“子由”即苏辙。一年后（公元 1077 年）的这首小词从月色的美好写到兄弟欢聚的愉快，又从此时月色推想到明年中秋，归结到离别之情，境界高远，语言清丽，格调清新，意味深长。

拓展

中秋能与兄弟朋友相聚赏月，是人生一大幸事。“中庭地白树栖鸦，冷露无声湿桂花。今夜月明人尽望，不知秋思落谁家”是唐代诗人________创作的一首以中秋月夜为内容的七绝，这首《十五夜望月寄杜郎中》也是诗人在一次中秋佳节与朋友相聚时所作。全诗精练含蓄、情谊深长，千百年来一直感染着众多人。“今夜月明人尽望，不知愁思落谁家”成为这首诗中千古流传的佳句。

A. 张籍　　B. 王维

C. 常建　　D. 王建

十六

水调歌头·明月几时有

[北宋] 苏 轼

明月几时有？把酒[1]问青天。不知天上宫阙[2]，今夕是何年？我欲乘风[3]归去，又恐琼楼玉宇[4]，高处不胜[5]寒。起舞弄清影[6]，何似[7]在人间？

转朱阁[8]，低绮户[9]，照无眠[10]。不应有恨，何事[11]长向[12]别时圆？人有悲欢离合，月有阴晴圆缺，此事古难全。但愿人长久，千里共婵娟[13]。

注释

①把酒：端起酒杯。②宫阙（què）：指帝王所居住的宫殿。③乘风：驾着风，凭借风力。④琼（qióng）楼玉宇：指想象中的月中宫殿，也形容富丽堂皇的建筑物。⑤不胜（旧读 shēng）：不仅，承受不了。⑥弄清影：在月光下起舞，影子也随着舞动。⑦何似：哪里比得上。⑧朱阁：红色华丽的楼阁。⑨绮（qǐ）户：雕饰华丽的门窗。⑩无眠：没有睡意。⑪何事：为什么。⑫长向：一作“偏向”。⑬婵娟：形容姿态美好，用来形容女子、月亮等。

译文

明月是从什么时候开始有的？我端起酒杯问苍天。不知道天上的宫殿，今天晚上是何年？我想乘着清风回到天上，又怕在那富丽堂皇的楼宇，承受不了高处的寒冷。我翩翩起舞玩赏月下的清影，哪像是在人间？

月亮转过红色的楼阁，低垂地挂在雕花的窗户上，照耀着没有入睡的人。不应该有恨，为何总在人们离别时才圆呢？人有悲欢离合时，月有阴晴圆缺日，这种事自古以来难以周全。希望世上有情人能永远在一起，即使天各一方，也能共赏这美好的月亮。

赏析

词中表达了词人在中秋望月时对苏辙的无限思念。一开始就提出一个问题：明月是从什么时候开始有的？“把酒”相问，当空的明月集中象征了词人对美好事物的无限憧憬与理想。整首词也随之围绕月亮展开想象与思考，把人世间的悲欢离合纳入对宇宙和人生的哲理性追寻之中。当他抬头望月时，其思想情感犹如长上了翅膀，天上人间自由翱翔。幻想自己也是月中人，想“乘风”飞向月宫，又担心那里的“琼楼玉宇”太高了，受不住那里的寒冷。与其飞往高寒的月宫，还不如留在人间趁着月光“起舞”呢！

下阕怀人，兼怀子由。“转朱阁，低绮户，照无眠”，大概不能相聚的人们家家如此，“转”和“低”都是月亮的动态，“无眠”的不仅仅是词人一人，更是泛指那些因为不能和亲人团圆以致不能入睡的人。接着言月不知有人世的愁恨，它自己忽圆忽缺也就是了，为什么偏在人离别时圆呢？“人有悲欢离合”写词人对人世悲欢离合的解释，“但愿人长久”是要突破时间的局限；“千里共婵娟”则是要打通空间的阻隔，让明月的爱把彼此分离的人结合在一起。古人有“神交”的说法，要好的朋友、亲人、情人天各一方，却能以精神相通。

拓展

孟郊“花婵娟，泛春泉。竹婵娟，笼晓烟”用“婵娟”形容姿态曼妙，苏轼“千里共婵娟”的“婵娟”比喻月亮，据说“婵娟”是________的学生。

A. 屈原　　　　B. 贾谊

C. 伯庸　　　　D. 宋玉

十七

太常引·建康中秋夜为吕叔潜[①]赋

［南宋］辛弃疾

一轮秋影转金波[②]，飞镜[③]又重磨。把酒问姮娥[④]：被白发、欺人奈何[⑤]？

乘风好去，长空万里，直下看山河。斫[⑥]去桂[⑦]婆娑[⑧]，人道是，清光更多。

注释

①吕叔潜：为词人朋友。②金波：月光，亦指月亮。③飞镜：比喻明月。④姮（héng）娥：即嫦娥，传说中的月宫仙女。⑤奈何：怎么办。⑥斫（zhuó）：砍。⑦桂：桂树。⑧婆娑：茂盛摇曳的样子。

译文

一轮转动的中秋月洒下皎洁月光，好像重新磨亮的铜镜。举起酒杯问月中嫦娥：怎么办呢？白发日益增多，欺负我拿它没有办法。

我要乘风飞上万里长空，从高处俯视大好山河。砍去月中摇曳的桂树枝杈，人们都说，这样月亮洒下的清辉更多。

赏析

全词富有奇思妙想，运用浪漫主义的艺术手法，通过将古代神话传说与现实中政治理想结合起来，表达词人反对妥协投降，立志收复中原失地的人生理想。

上阕缠绵悱恻，伤怀念远，感慨功业无成却白发增多，寄托自己的抱负和理想。词人在中秋之夜，看到圆月皎洁，似“金波”，似“飞镜”，一个“转”字，一个“磨”字可见其升起之动态美。对月抒情自然想到嫦娥，“嫦娥”本称“姮娥”，因西汉时为避汉文帝刘恒的忌讳而改称“嫦娥”。词人向仙人发问“被（bèi）白发、欺人奈何?”是化用薛能《春日使府寓怀二首》中“青春背我堂堂去，白发欺人故故生”的诗意。辛弃疾南归后遭遇种种挫折和打击，故而，上阕含有无限凄凉之意，展示了自己怀才不遇的内心矛盾。

下阕壮志凌云，更发奇想，表达盼望整个大地能被明月清光笼罩的情感。因为中原失陷，“山河”破碎，北方大片的土地已经久久不能望见，词人只能运用想象的翅膀，飞上天外，直入“长空”，乘风直上万里长空，才可以俯瞰万里壮丽“山河”。中国古代神话中认为月中有桂树，相传吴刚受天帝惩罚到月宫砍伐桂树，但桂树一边被砍一边愈合，天帝把这种永无休止的劳动作为对吴刚的惩罚。词人也想象他能砍去婆娑摇曳的桂树，不顾艰难险阻，是为了使洁白、清纯的月光，更多地洒向大地，强烈地表现了词人的现实理想与为实现理想而怀有的坚强意志。

拓展

辛弃疾有“词中之龙”之称，与李清照是同乡，但晚于李清照56年出生，中年后别号________。与苏轼合称“苏辛”，与李清照并称“济南二安”。辛弃疾的一生，是抗击强敌的一生，是不得志的一生，是颠沛流离的一生，是命运多舛、壮志难酬的一生。

A. 易安居士　　　　B. 稼轩居士

C. 轩安居士　　　　D. 幼安居士

十八

酒泉子·长忆观潮

［北宋］潘　阆

长①忆观潮，满郭②人争江上望。
来③疑沧海尽成空，万面鼓声④中。
弄潮儿⑤向涛头立，手把红旗旗不湿。
别来几向⑥梦中看，梦觉⑦尚⑧心寒⑨。

注释

①长：同“常”，常常、经常。②郭：外城。③来：指钱塘江潮水涌来时。④万面鼓声：指潮水声势震人。⑤弄潮儿：驾船的人。此指与潮水周旋的水手或在潮中戏水的人。⑥几向：几次。⑦觉：睡醒。⑧尚：还，仍然。⑨心寒：害怕，心惊胆战，惊心动魄。

译文

我常想起钱塘江观潮的情景，人们倾城而出争着向江上望。
潮水涌来时好像掏空了大海，潮水声势震天如同万鼓齐响。
弄潮的人迎着潮头进行表演，手里把弄的红旗都没被打湿。
离开后几次梦到观潮的情景，梦醒时分仍然感觉惊心动魄。

赏析

潘阆（làng）曾因事受牵连而遭追捕，假扮僧人逃出汴京，辗转山西，流浪到杭州、会稽一带，后以卖药为生。曾写十篇《酒泉子》回忆杭州，此为第十篇“忆观潮”。

上阕描写当时观潮盛况，表现蔚为壮观的大自然现象。首两句写每到观潮期，人们“满郭”而出，争先恐后，拥挤在钱塘江边，人头攒动，争看潮涌。“满郭”虽是夸张之词，但有现实生活做依据，倾城而出是对这种传统观潮盛况的真实写照。三四句描写当钱塘江大潮来临时，潮头由远而近，飞驰而来，足见潮水之巨，感到“沧海尽成空”。“万面鼓声”是潮声如雷鸣般震人心魄，将潮水渲染得有声有色，惊险生动。词人善于运用夸张的手法，把钱江潮涌的天下奇观描绘得气势磅礴。

下阕描写弄潮儿搏击风浪，当时那种壮观景象，至今还惊心动魄。“弄潮儿”可能是披发文身，手举红旗，脚踩浪头的表演健儿，他们个个身手不凡，胆大心细，化险为夷。“弄潮儿”不但英勇无畏，“手把红旗旗不湿”更让人大开眼界，连连叫好。最后两句从回忆转回到现实，虽离杭州已久，但那壮观的钱江涌潮场景仍历历在目，词人梦里还能见到涨潮时的壮观景象，“梦觉尚心寒”是醒来仍然心惊胆战，足见观潮时惊心动魄的场景。

拓展

钱塘江涌潮为世界一大自然奇观，钱塘观潮始于汉魏，盛于唐宋，已成为当地的习俗。尤其在农历________潮水最大，声如雷鸣，排山倒海，八方宾客蜂拥而至，盛况空前。宋朝时，每到这一天，官民倾城出动，车水马龙，彩旗飞舞，盛极一时，还有数百健儿，手举红旗，脚踩浪头，争先鼓勇，跳入江中，迎着潮头前进。

A. 五月十八日　　B. 六月十八日

C. 七月十八日　　D. 八月十八日

十九

登快阁①

［北宋］黄庭坚

痴儿②了却公家事，快阁东西③倚④晚晴。
落木千山天远大，澄江⑤一道月分明。
朱弦⑥已为佳人绝，青眼⑦聊⑧因美酒横。
万里归船弄长笛，此心吾与白鸥盟⑨。

注释

①快阁：在今江西省吉安市泰和县。②痴儿：诗人自称。③东西：指在阁中四处游览。④倚：倚靠，此处指倚栏欣赏。⑤澄江：一指澄江河，一指清澈的江水。⑥朱弦：用熟丝制作的琴弦，泛指琴。⑦青眼：黑色的眼珠在眼眶中间，青眼看人则是表示对人的喜爱或重视、尊重。⑧聊：姑且，勉强，凑合。⑨鸥盟：形容隐居江湖的人，与鸥鸟为伴侣，表示自己决意归隐江湖。

译文

我办完公事后如释重负登上快阁，趁着傍晚晴空在快阁上倚栏远眺。
千山万树飘零显得天地高远辽阔，明朗的月光下江水更加清澈空明。
知音不在已没有弄弦弹琴的兴致，见到美酒眼中才会勉强露出喜色。
希望吹起长笛不远万里乘船归乡，我真心归隐于江湖与白鸥为伴侣。

赏析

这是黄庭坚在泰和当县令登上快阁时的一首即兴之作。全诗虚实结合，情景交融，表达了诗人对官场生活的厌倦，对大自然美好景色的热爱，对回归自然过自由自在隐居生活的向往。

首联渲染诗人如释重负的欢快心情。“快阁东西”将主语省略，诗人左顾右盼、东看西瞧的神色呼之欲出。“倚”在无边无际的暮色晴空中，仿佛投入大自然的怀抱。颔联是对所览胜景的描绘，是一幅高远明净的秋江暮景图。在快阁上游览，从傍晚到明月升空，足见诗人流连忘返的兴致。所见“落木”“天”“澄江”“月”都有简洁、辽阔、明静的共同特点。“天远大”写出山上的落叶飘零了，浩渺的天空此时显得更加辽远阔大；“月分明”写出一弯新月映照在江水中，显得更加清澈空明。这不但是对胜景的描绘，更是对诗人胸襟的写照。

后四句化用典故，表达诗人心情。前句用“伯牙捧琴”的故事，后句用“阮籍青眼”的典故，表达因为知音不在，我弄断了琴上的朱弦，不再弹奏，姑且只有美酒可以解忧了。隐隐流露出摆脱“公事”束缚，归隐江湖的愿望。“万里归船弄长笛”与首句“痴儿了却公家事”遥相呼应，在这样一幅意境开阔、空旷辽远，景象苍茫的秋暮景色图中，诗人真实的心愿是“与白鸥盟”。

拓展

俞伯牙是春秋战国时期的楚国人，遇到樵夫钟子期之后，俞伯牙将其视为知音。钟子期染病去世后，俞伯牙万分悲痛地来到钟子期的坟前，席地而坐，用凄楚的琴声演绎了一曲________。弹毕，长叹一声，挑断琴弦，悲伤地说：“摔碎瑶琴凤尾寒，子期不在对谁弹！春风满面皆朋友，欲觅知音难上难。”

A.《平沙落雁》　　B.《夕阳箫鼓》

C.《高山流水》　　D.《渔樵问答》

秋分

长安秋望

［唐］杜 牧

楼倚①霜树②外，
镜天③无一毫④。
南山⑤与秋色，
气势⑥两相高。

注释

①倚：靠着。②霜树：指深秋时节的树。③镜天：像镜子一样明亮、洁净的天空。④一毫：一根毫毛。指极小或很少。⑤南山：指终南山，秦岭山峰之一，在今陕西西安南。⑥气势：气象、气派。

译文

楼阁靠在经霜的树木之外，天空明净得像镜子一尘不染。

峻拔的南山与清爽的秋色，气势互不相让两两难分高低。

赏析

这首诗很像一幅写意画，意境高远，气势恢宏，从秋日远望长安的景象，写出了长安秋色之美，南山秋色风貌，也写出了诗人旷达开朗的胸怀和雄姿英发的精神。

首句即点明地点。“楼倚霜树外”的“倚”强调所登的高楼巍然屹立之姿态，“外”既有外边的意思，也有上边的意思。山上的树最早知秋，海拔越高气温越低，经霜越早，落叶越早，秋天经霜后的树木，稀稀疏疏，树叶低垂，枝杈突兀，越发显露出楼阁之高峻，视野之宽广，体现“秋望”之“望”字。

次句写天空。秋高气爽，一扫阴霾，万里无云，天空明净清澈，就像一面纤尘不染的镜子。“无一毫”形容干净得连一根极细微的毫毛也没有，天空看不见一丝云影，看不见一点风尘。诗人用“霜树”“镜天”衬托秋色之静美，给人的心情带来极度舒爽、畅快之感。

第三句表现秋色的高远寥廓，同时也写出诗人当时心旷神怡的感受和高远澄净的心境。“南山”峻拔秀丽，如锦绣画屏，耸立在长安城西南。“秋色”更是五彩缤纷，黄的如金，绿的如玉，红的如火，美不胜收。引发诗人的想象，那远望中的“南山”与高远无际的“秋色”一赛高低。

尾句表达诗人对秋色的感受。“秋色”是很难描写的，它存在于秋天的所有景物里，诗人却别出心裁，用“南山”之秀反衬“秋色”之秀，用“南山”之色衬托“秋色”之艳。通过具体的“南山”与抽象的“秋色”之间比试，使得这首诗立刻生动起来。

拓展

李白有“出门见南山，引领意无限。”王维有“空山新雨后，天气晚来秋。”终南山雄峙长安之南，成为长安城高大坚实的依托，其中有六百六十里________，是长安通往汉中、四川的要道，因杨贵妃爱吃荔枝，又名“荔枝道”。三国时魏延向诸葛亮进言当以此路北伐，效仿韩信“明修栈道，暗度陈仓”，但诸葛亮过于谨慎，并未采纳。

A. 傥骆道　　B. 子午道

C. 褒斜道　　D. 陇南道

廿一

夜雨寄北[1]

［唐］李商隐

君问归期未有期，
巴山夜雨涨秋池[2]。
何当[3]共剪西窗烛[4]，
却话[5]巴山夜雨时。

注释

①寄北：寄给北方的人。诗人当时在巴蜀，亲友在长安，所以说“寄北”。②秋池：秋天的池塘。③何当：何时将要。④剪西窗烛：即剪烛，剪去燃焦的烛芯，使灯明亮。⑤却话：回头说，追述。

译文

你问我何时回我还定不下来，今夜巴山这里秋雨已涨满池塘。

什么时候我们才能秉烛长谈，追述今宵巴山夜雨的思念之情。

赏析

这是一首抒情诗，一作《夜雨寄内》。诗的开头两句以问答和对眼前环境的抒写，抒发了诗人孤寂的情怀和对妻子深深的思念。后两句即设想来日重逢谈心时的欢悦，反衬今夜之孤寂。全诗情真意切，含蓄隽永，脍炙人口，余味无穷。

李商隐曾说他写诗喜爱用典故，这是他年轻时在天平军节度使令狐楚幕中，令狐楚教授他学习时兴的骈文留下的痕迹。故诗中的“巴山”“秋池”“西窗”三个意象贯以地名、方位并非有所指，而是泛指，目的是力求诗句形式工整，韵律和谐，达到风华藻丽的修辞效果。

第一句娓娓道来，一问一答，情思婉转，悱恻缠绵已经跃然于纸上。你问我何时归来，我也不知道自己的归期。秋天、雨夜和此时未被开发的荒蛮之地，也是诗人独在异乡为异客的情愁写照。行笔至此，那凄苦的秋风秋雨，似乎已浸透纸背，寒入骨髓，淋湿了心中思绪，勾起了无限思念。

如果说前两句是实写当前景，那么后两句则是虚写未来情。由于李商隐多年在外游历，夫妻在很长的一段时间里聚少离多，诗人盼望将来能与妻子团聚，共剪残烛，秉烛夜谈。在诗人满怀信心、望眼欲穿的等待中，发挥想象力，具体而又细腻地描绘出一幅良宵美景图，“共剪”“却话”写足了亲昵之态，含蓄隽永，余味无穷！

李商隐的一生是不幸的。他刚刚踏入仕途，就被卷进了朋党之争，仕途多艰，妻子早逝，心境是悲凉的。特别是他晚年的诗，感伤情绪很浓，他心中的幸福也只能在诗中遥望。

拓展

在李商隐的诗文中，可以看到他和妻子的感情非常好。在南宋洪迈编的《万首唐人绝句》里，这首诗的题目为《夜雨寄内》，意思是此诗是寄给妻子王晏媄的。不过，令李商隐始料未及的是，他的妻子病故于________，由于两人感情非常好，李商隐直到去世，他都没有再续娶。

A. 作此诗之前　　B. 作此诗之后三个月

C. 作此诗之后一年　　D. 作此诗之后三年

廿二

菩萨蛮·平林漠漠烟如织

［唐］李　白

平林①漠漠②烟如织③，寒山一带伤心④碧。暝色⑤入高楼，有人楼上愁。

玉阶⑥空伫立⑦，宿鸟归飞急。何处是归程？长亭⑧更短亭⑨。

注释

①平林：平原上的林木。②漠漠：漠有广阔意，漠漠为迷蒙貌，平远貌。③烟如织：暮烟浓密。④伤心：极甚之词，犹言万分，巴蜀地常用语。⑤暝（míng）色：暮色。⑥玉阶：玉砌的台阶。《草堂诗馀》中作"栏杆"。⑦伫（zhù）立：长时间地站着等候。⑧长亭：古时设在城外路旁的亭子，多作行人歇脚用，送别。⑨短亭：五里设置短亭，十里设置长亭，为行人休憩或送行饯别之所。

译文

烟雾浓密笼罩树林，寒秋苍碧的山色深到极致。

暮色已经进入高楼，有人正在闺楼上独自忧愁。

伫立在玉石台阶上，凝望着鸟儿匆匆飞回栖宿。

哪里是回来的路程？只见道路上长亭连着短亭。

赏析

这首词上下两阕采用了不同的手法，上阕偏于客观景物的渲染，下阕着重主观心理的描绘。此词写作内容，有人认为是游子思归之词，有人认为是思妇怀人之作，也有人认为二者兼有。读者理解见仁见智，众说纷纭，也反衬词人表达之妙。

一、二句写游子眼前所见之景，由景而触动生情。时间选择在暮色苍茫、雾霭沉沉的黄昏，此时也恰是游子思乡心切之时。三至六句是游子触景生情后，设想家人登楼远眺，盼望自己归来的情景。“暝色”一句从远景切换到近景，一位思念征夫的女子独立“玉阶”远眺，只用了飞鸟归巢一个特写，一刹那的情思怎不“楼上愁”。词人以鸟比喻人，黄昏时分，鸟儿尚知归巢，人何不归来？“急”字更能表现出归家急切的状态。如此日复一日地“空伫立”，思妇的离愁也就永无穷尽了。词中有“高楼”，有“玉阶”，侧面表达了主人公的家境富裕殷实。最后两句为游子感叹旅途漫漫，归乡无期，更添愁苦。“何处是归程？”主人公此刻也急于寻求自己的归宿，来挣脱无限的愁绪。主人公是第一人称还是第二人称或是第三人称已不重要，因为归程在哪里也没有一个确定的答案。那十里一长亭，五里一短亭，归乡之路遥遥无期啊！“何处是归程？长亭更短亭”也有作“何处是回程？长亭连短亭。”

拓展

宋代是词的巅峰创作时期，但令人想不到的是，南宋黄昇编集的《唐宋诸贤绝妙词选》中，选录了两首词——《菩萨蛮·平林漠漠烟如织》和________，皆署名李白，并言：“二词为百代词曲之祖。”当然，今传这两首词是否果出于李白，尚难断定。

A.《连理枝·雪盖宫楼闭》　　B.《清平乐·禁庭春昼》

C.《忆秦娥·箫声咽》　　D.《清平乐·禁闱秋夜》

廿三

白雪歌送武判官[①]归京（节选）

［唐］岑　参

北风卷地白草[②]折，胡天[③]八月即飞雪。
忽如一夜春风来，千树万树梨花[④]开。
散入珠帘[⑤]湿罗幕[⑥]，狐裘[⑦]不暖锦衾[⑧]薄。
将军角弓[⑨]不得控[⑩]，都护[⑪]铁衣[⑫]冷难着。

注释

①武判官：名不详，疑为岑（cén）参前任。②白草：指一种干熟后变成白色的草。③胡天：指塞北一带的天空。④梨花：春天开放，花作白色。这里比喻雪花像梨花一样。⑤珠帘：形容华美的帘子。⑥罗幕：用丝织品做成的帐幕。⑦狐裘：用狐皮制作的外衣。⑧锦衾（qīn）：锦缎做的被子。⑨角弓：用兽角装饰的弓。⑩控：拉开。⑪都护：古代官名，镇守边疆的长官。⑫铁衣：铠甲。

译文

北风呼啸席卷大地吹折白草，塞北八月纷纷扬扬飘降大雪。
仿佛一夜之间春风已经吹来，树上积雪如梨花般竞相开放。
雪花散入珠帘，打湿了罗幕，狐裘并不暖，锦被也嫌单薄。
将军的双手冻得拉不开角弓，长官们的铁甲冷得难以穿上。

赏析

前四句写边塞风狂雪早。首句用“卷”“折”（zhé）两字从正面、侧面描写狂风怒号，遍地肃杀的景象，写出了风势之猛。第二句写雪，“八月”说明“胡天”下雪的时间很早。着一个“飞”字勾画出一幅雪花漫天飞舞的景象。三、四句描写早晨起来看到的奇丽雪景和感受到的突如其来的奇寒。“忽如”形象准确地表现了早晨起来突然看到雪景时的神情。一夜风雪过后，大地银装素裹，焕然一新，用“千树万树”重叠的修辞方式，恰当地表现出雪后初晴、银装素裹的景象。

接下来写内帐苦寒。“散入珠帘湿罗幕，狐裘不暖锦衾薄。”由帐外转入帐内，点点雪花飘落进来，浸湿罗幕。穿着狐裘盖着锦衾也不觉暖，奇寒难忍。而将军、都护这样的勇猛边将，也是“角弓不得控”。“铁衣冷难着”，表达手冻僵了连弓也拉不开，铁甲也冷得穿不上。诗人选取居住、睡眠、穿衣、拉弓等日常活动来表现寒冷，如同选取早晨观雪表现奇异一样是很恰当的。不过，虽然天气寒冷，但将士却毫无怨言。

岑参在唐玄宗天宝十三年夏秋之交出任安西北庭节度使封常清的幕府判官，诗中所送别的武判官应该是他的前任。岑参文思开阔，文章结构缜密，以奇丽多变的雪景和艰苦严寒的塞外环境，表现了他和边防将士的爱国热情。

拓展

岑参工诗，长于七言歌行，《白雪歌送武判官归京》是其七言代表作。七言诗是中国诗歌体裁之一，包括七言古诗、七言律诗，全诗每句七字或以七字句为主。________是中国文学史上最古老、最完整的七言诗。七言诗的出现为诗歌提供了一个有更大容量的形式，丰富了中国古典诗歌的艺术表现力。

A. 陶翰的《燕歌行》　　B. 高适的《燕歌行》

C. 曹丕的《燕歌行》　　D. 陆机的《燕歌行》

廿四

羌村三首（其三）

［唐］杜　甫

群鸡正乱叫，客至鸡斗争。
驱鸡上树木，始闻叩柴荆①。
父老四五人，问我久远行。
手中各有携，倾榼②浊复清。
苦辞③酒味薄，黍地④无人耕。
兵革⑤既未息，儿童尽东征。
请为父老歌，艰难愧深情。
歌罢仰天叹，四座泪纵横。

注释

①柴荆（jīng）：以柴、荆筑成的门。②榼（kē）：酒器。③苦辞：再三地说，苦苦地说。④黍（shǔ）地：黍子地。⑤兵革：一作“兵戈”。兵器及甲胄等军械装备。此处指战争。

译文

成群的鸡正在乱叫，客人到时还在争斗。把鸡赶到院中树上，才清楚地听到有人叩门。有四五位乡村父老，慰问我由远地归来。他们各自手里携带着礼物，倾倒出酒清浊不一。一再解释说：“酒味之所以淡薄，是因为黍子地没人去耕种。战乱连年不止，连孩子们也去出征了。”请让我为父老歌唱吧，感谢父老们在艰难乱世中对我的深情。唱罢仰天长叹，在座的人们都热泪纵横。

赏析

诗人通过对农村的一个典型侧面描写，展现安史之乱给唐代人民带来的深重苦难。前四句特意安排一场群鸡争斗的场面，这种景象是乡村特有的，群鸡争斗也暗喻时世的动荡纷乱。待到院内安静下来时，这才听见客人“叩柴荆”的声音。不但颇具乡村生活情趣，也表现出见到意外来客的欣喜之情。

中间八句是全诗的主线，来的四五人全是父老，说明村中已经没有年轻人了，因为来看望被皇帝放归的诗人而“手中各有携”，表现了淳厚的民风和和善的乡情。紧接着由斟酒讲到“苦辞”，从“酒味薄”的缘故说到生产被破坏，再引出“兵革既未息，儿童尽东征”，表达出灾难遍及整个北国农村，点出时世艰难，民不聊生，耐人深思。

最后四句写诗人五味杂陈，以歌作答，表达自己的感激之情。“愧”字含义丰富，从“艰难愧深情”一句和歌所产生的“四座泪纵横”的效果可知，其中夹杂着诗人对父老的感激、对时事的忧虑以及对自己遭遇的感喟，复杂之情只能“仰天叹”。不难看出，杜甫的痛苦也是在座各位父老的痛苦，更是黎民百姓的痛苦。

拓展

公元757年秋，杜甫被唐肃宗放归回乡时作《羌村三首》，羌村在今________。其中第一首写诗人初到家中惊喜的情况；第二首写诗人还家以后的矛盾心情；第三首写邻人携酒慰问，通过父老们的话，反映出现实生活。三首诗从三个角度真实地再现了黎民苍生饥寒交迫、妻离子散、朝不保夕的悲苦生活。

A. 成都青羊区　　B. 陕西蓝田县

C. 宝鸡凤翔区　　D. 陕西富县

廿五

登高

［唐］杜　甫

风急天高猿啸哀①，渚②清沙白鸟飞回③。
无边落木萧萧④下，不尽长江滚滚来。
万里⑤悲秋常作客⑥，百年⑦多病独登台。
艰难⑧苦恨繁霜鬓⑨，潦倒⑩新停⑪浊酒杯。

注释

①猿啸哀：猿猴凄厉的叫声。②渚（zhǔ）：水中的小块陆地。③鸟飞回：鸟在风中飞舞盘旋。④萧萧：草木飘落的声音。⑤万里：指远离故乡。⑥常作客：长期漂泊他乡。⑦百年：犹言一生，借指晚年。⑧艰难：兼指国运和自身命运艰难。⑨繁霜鬓：像浓霜一样的鬓发。⑩潦倒：颓废，失意。⑪新停：刚刚停止。

译文

天高风急中猿猴凄厉哀叫，陆地沙滩上鸟在风中回旋。
无边无际的树叶纷纷飘落，一望无际的长江滚滚而来。
长期漂泊他乡而悲秋思乡，我暮年多病独自登上高台。
国运和自身艰难鬓发已白，赶上病后颓废刚戒酒停杯。

赏析

诗中前四句写登高所见。秋天之景色既有壮阔气象，又渲染出无比的悲愁。诗人以秋之高远壮阔反衬人之渺小衰弱以及诗人胸怀之伟大。诗人登上高处，峡中不断传来“猿长啸”之声，猿的叫声总给人凄凉之感，这里仅用十四个字就对风、天、猿、渚、沙、鸟进行全面、细致的描写，不但自然贴切，情景交融，而且“天”对“风”，“高”对“急”，“沙”对“渚”，“白”对“清”，“鸟”对“猿”，读来富有节奏，朗朗上口。颔联展现诗人仰望渺无边际的景色，只听见纷纷飘落、萧萧而下的落叶；俯视一望无垠的江水，只见奔流不息、滚滚而来的波涛，“无边”和“不尽”，使“萧萧”和“滚滚”更加形象化，增强音韵，深化意境。

颈联“万里悲秋常作客，百年多病独登台”中“万里”写故乡之远，“悲秋”指现时之凄惨，“常作客”指诗人长期在他乡漂泊，“百年”指自己已到垂暮之年，“多病”指身体衰疾，“独登台”指无亲无朋，孑然一身。十四个字之间蕴含有六层含义。把他乡容易悲愁、多病独爱登台的感情和沦落他乡、年老多病的处境表现得淋漓尽致，更令人寄予强烈的同情。尾联将国难家愁、心事繁重，再加上诗人晚年因肺病戒酒，用“艰难”“苦恨”“潦倒”直接表述出来，诗人忧国伤时的情操、穷困潦倒的现状便跃然纸上。

总览全诗，前四句于无形中传达出韶光易逝、壮志难酬的感怆；后四句通过对凄清秋景的描写，抒发了诗人年迈多病、感时伤世和寄寓异乡的无穷悲苦。

拓展

《登高》作于公元767年秋，杜甫在________登高临眺，满眼萧瑟的秋江景色，引发了他对自己身世飘零的感慨，渗入自己年老多病的悲哀。于是，就有了这首被明清两代文人誉为“古今七言律第一”的佳作。

A. 夔州　　B. 蜀州

C. 襄州　　D. 巴州

廿六

苏幕遮·怀旧

［北宋］范仲淹

碧云[1]天，黄叶地，秋色连波，波上寒烟翠[2]。山映斜阳天接水，芳草[3]无情，更在斜阳外。

黯[4]乡魂[5]，追[6]旅思[7]，夜夜除非，好梦留人睡。明月楼高休独倚，酒入愁肠，化作相思泪。

注释

①碧云：青云，碧空中的云。②寒烟翠：笼罩着一层翠色的寒烟。③芳草：常暗指故乡。④黯：本有褪色之意，此处形容心情忧郁。⑤乡魂：思乡的情思。⑥追：追随，缠住不放的意思。⑦旅思：因旅途中客居异地而引起的思念情绪。

译文

碧空白云，黄叶遍地，秋色映进江波，水波上笼罩着一层苍翠的寒烟。远处夕阳斜映水天一色，不解相思的芳草，一直绵延到夕阳外的天边。

思乡之情黯然伤神，追逐羁旅愁思难解，除非夜夜都做好梦才愿入睡。不要独自依靠在高楼望月，借酒浇愁，忧从中来，都化作相思的眼泪。

赏析

上阕写秋景辽阔，景中衬情。起句用了一种特殊句式，即这种句式没有谓语，经过读者对其语义的联想，形成一个完整的画面，能起到写景、叙事、抒情紧密结合的作用，极富有诗情画意。词人从“天”“地”“波”三个大处着笔，点明季节时令，展现出山河壮阔的意境。“山映斜阳天接水”使天、地、山、水、斜阳融为一体，无缝衔接，交相辉映，夕阳映照着远处的山峦，碧色的天空连接着江水绿波，暗暗为思乡怀旧步步铺垫。直到把画面再铺上一层芳草，“芳草无情，更在斜阳外。”这些无情的“芳草”连接在一起，无边无际，绵延伸展，景物自目之所及延伸到想象中的天涯，眼前辽阔的秋景触发心中的忧思。

下阕抒写乡愁，情中有景。首句“乡魂”“旅思”互文，紧承乡思的芳草天涯，直接点明羁旅之思和乡愁之深的题旨。接着以夜不能寐、楼高独倚、酒不能消三层分别进行刻画。第一层“夜夜除非，好梦留人睡”九字当一句读，是告诉人们，只有在美好的梦境中才能暂时忘却乡愁。“夜夜除非”是倒装句，“除非”一词强调除此之外别无可能；第二层“明月楼高休独倚”的“明月”承上阕的“斜阳”，说明明月皎皎，反而使他倍感孤独与怅惘，一个“独”字更增加词人的惆怅，更深一层写出了乡思之苦；第三层“酒入愁肠，化作相思泪。”把“酒”与“泪”巧妙联系起来，因为夜不能寐，故借酒浇愁，但酒一入愁肠都化作了相思泪，结句令全诗都弥漫着苍凉之悲。

拓展

范仲淹不但是北宋文学家，还是改革家、政治家、军事家、教育家、思想家。《苏幕遮·怀旧》作于其在西北边塞军中主持防御西夏的时期，当时范仲淹筑城、修寨进行积极防御，使边境局势发生了根本性的变化。公元1044年，北宋与西夏最终缔署________，西北边疆得以维持了近半个世纪的和平。

A. 庆历和议　　B. 澶渊之盟

C. 绍兴和议　　D. 天眷和议

廿七

相见欢·金陵城上西楼

［宋］朱敦儒

金陵城上西楼，倚[①]清秋。万里夕阳垂地，大江流。
中原乱[②]，簪缨[③]散，几时收？试倩[④]悲风吹泪，过扬州。

注释

①倚：靠着。②中原乱：指靖康二年（公元1127年）金人入侵中原，金人册封主和的张邦昌为帝，国号“大楚”，建立了傀儡政权。③簪（zān）缨（yīng）：古时显贵者的冠饰，代指达官显宦。④倩（qìng）：请人代自己做某事。

译文

倚靠在金陵西门上的城楼，观看清秋景色。万里长江在夕阳下缓缓向东流。

金人侵占中原，官员流散，国土何时能收？请悲风将我的热泪吹到扬州去。

赏析

秋天是冷落萧条的季节，古人常说“秋士多悲”。当离乡背井、作客金陵的朱敦儒独自登上金陵城楼，纵目远眺，看到这一片萧条零落的秋景，悲秋悲国、伤心伤时之感不免油然而生。

上阕由登楼写景入题，展现无边秋色，万里夕阳。时值黄昏日暮之时，万里大地都笼罩在一片夕阳中。“夕阳垂地”重点突出了金陵、西楼、秋天、长江都笼罩在苍茫的暮色中，余晖黯淡，象征南宋的国势日渐衰微。“大江流”有谢朓“大江流日夜，客心悲未央”之意，奠定全词苍凉感伤的情感基调。

下阕由写景转到直言国事，表现了词人强烈的亡国之痛和深厚的爱国精神。“中原乱”指靖康二年四月金军攻破东京（今河南开封），在城内搜刮数日，掳走徽宗、钦宗，大批士族南逃。“簪”和“缨”是古时达官贵人的冠饰，用来把冠固着在头上，代指达官贵人，一个“散”字表现“衣冠南渡”的仓皇情景。词人在浓重的秋色里追忆中原沦陷，抒发了胸中积郁已久的沉痛心情。“试倩悲风吹泪过扬州”一句运用了拟人的手法。风本来没有感情，却在前面加一“悲”字，是词人主观心情上悲，为风注入了浓厚的感情色彩。风悲、景悲、人也悲，不禁潸然泪下。这不只是悲秋之泪，更是忧国之泪。

全词由登楼入题，从写景转到抒情，抒发了词人强烈的亡国之痛和对故土的深切怀念之情，感人至深。

拓展

古人登楼、登高，每多感慨。杜甫登上夔州楼感慨“万里悲秋常作客”；许浑登上咸阳城楼有“一上高城万里愁”之叹；李商隐登上________有“欲回天地入扁舟”之感。尽管各个时代的诗人遭际不同，所感各异，然而登楼抒感则是一致的。

A. 金陵城楼　　B. 洛阳城楼

C. 长安城楼　　D. 安定城楼

廿八

声声慢·寻寻觅觅

[宋] 李清照

寻寻觅觅，冷冷清清，凄凄惨惨戚戚。乍暖还寒时候，最难将息[①]。三杯两盏淡酒，怎敌他[②]、晚来[③]风急！雁过也，正伤心，却是旧时相识。

满地黄花堆积，憔悴损[④]，如今有谁堪摘[⑤]？守着窗儿，独自怎生[⑥]得黑！梧桐更兼细雨，到黄昏、点点滴滴。这次第[⑦]，怎一个愁字了得！

注释

①将息：宋时方言，调养休息，保养。②敌他：对付，抵挡。③晚来：一作“晓来”。④憔悴损：表示憔悴、凋零、枯萎，损，这里相当于“极”，表示程度很深。⑤堪摘：可以摘，能够摘。⑥怎生：怎样，怎么。⑦这次第：宋时口语，这般光景，这种情形，这种状况。

译文

我到处寻觅，寻觅到的只有冷清、凄惨和悲戚。在这乍暖还寒的时刻，最难休息。饮两三杯淡酒，怎能抵挡傍晚寒风急袭！雁群飞过时，让人伤心，因为都是旧日的相识。

菊花堆积满地，如今已枯萎殆尽，有谁可摘？我独自守着窗，怎样才能熬到天黑！黄昏时分细雨打在梧桐叶上，一点一滴地落下。这般光景，怎么能用一个愁字说得清呢！

赏析

经历过战乱的洗礼，才知道和平的可贵；经受过命运的打击，才明白平凡的意义。李清照通过对秋景的描绘，抒发国破家亡、天涯沦落的无限悲苦。

起句便不寻常，一连用七组叠词，着力渲染愁情，如泣如诉，感人至深。这种“乍暖还（huán）寒”的天气，应是秋季拂晓之时，朝阳将出未出之际，加之此时词人经过颠沛流离后身体虚弱，连觉也睡不着了，自然想起亡夫来。一个人饮酒，倍感凄凉，借酒浇愁而又忧愁难遣。听见天空中孤雁的一声悲鸣，再次划破了词人未愈的伤口，透过北雁南飞，写出故物依然、人面全非、家破人亡、漂泊南方的悲苦。但大雁与人未必相识，用“旧时相识”寄以怀念北方之意。

下阕“满地黄花堆积，憔悴损，如今有谁堪摘？”中“憔悴损”即《醉花阴》中“人比黄花瘦”之意。菊花的枯槁憔悴，容颜已逝，正是李清照不幸遭遇的现实写照。她孑然一身，独守空房，度日如年，再看到屋外的绵绵细雨，愈加凄凉无边了。“点点滴滴”既是雨水的点点滴滴，也是泪水的点点滴滴，还是往事的点点滴滴，前后照应，表现了词人孤独寂寞的忧郁情绪和经历动荡不安的憔悴心境。“这次第，怎一个愁字了得”是说仅用一个“愁”字如何能包括得尽？简单直白，戛然而止，反而更有韵味。

拓展

此词大约作于北宋灭亡、丈夫去世之后，一连串的打击使李清照尝尽了国破家亡、颠沛流离之苦，境况极为凄凉。李清照用最通俗的文字写出了最凄凉的效果，可以说一字一泪，极富艺术感染力。明代三大才子之首的________评价说：“宋人中填词，李易安亦称冠绝。《声声慢》一词，最为婉妙。”

A. 解缙　　　　B. 徐渭

C. 杨慎　　　　D. 唐寅

廿九

狱中题壁

［清］谭嗣同

望门投止①思张俭②，

忍死须臾③待杜根④。

我自横刀⑤向天笑，

去留肝胆两昆仑⑥。

注释

①望门投止：望门投宿。②张俭：因弹劾宦官，反被诬陷为结党营私，后因人品端正，逃亡之路一直受人保护。③须臾：不长的时间。④杜根：因触怒太后被赐死，行刑者把他接出城，太后派人检查时，杜根装死三天，见眼中生蛆，乃信其死，才得以逃跑。⑤横刀：指就义。⑥去留肝胆两昆仑：有两种说法，其一是指康有为和浏阳侠客大刀王五；其二为“去”者指逃出的康有为。

译文

望门投宿，想到张俭，

希望你们能像东汉时杜根那样，忍死求生完成大业。

屠刀之下，仰天大笑，

去者和留者浩然之气肝胆相照，像昆仑山一样巍峨。

赏析

公元1898年农历八月十三，谭嗣同等“戊戌六君子”在菜市口被处死。就义之前，谭嗣同在狱中墙壁上书写此诗，表达了对阻挠变法的顽固势力的憎恶蔑视，同时也抒发了诗人愿为自己理想而献身的壮烈情怀。

前两句是谭嗣同身处囹圄还记挂、牵念仓促出逃的康有为等人的安危，借典述怀，表达应该志存高远，忍死求生，等待时机。“张俭”是东汉时期名士，曾用尽全部财产，救活了数百人，张俭因弹劾宦官，反被诬为结党营私，被迫逃亡，看到有人家就进去躲避，一路上受人保护。“杜根”是东汉时期大臣，汉安帝时邓太后摄政，宦官专权，其上书要求太后还政，太后大怒，命人以袋装之而摔死，行刑者仰慕杜根为人，并没有打死，太后派人检查时，杜根装死三天，才得以逃跑，后来，逃到宜城做了十五年的酒保，因他的贤德，人们都十分优待他。

后两句表达以个人的牺牲来成全心中的神圣事业，以自己的挺身赴难来回报光绪皇帝的知遇之恩。谭嗣同作为变法的中坚力量，对于生死，早已置之度外，能够从容地面对带血的屠刀，冲天大笑。他也期望自己的一腔热血能够惊觉苟且偷安的芸芸众生，激发起变法图强的革命狂澜。“我自横刀向天笑，去留肝胆两昆仑”，强烈地表达出谭嗣同视死如归、浩气凛然、慷慨悲壮的气节。

拓展

公元 1898 年 6 月 11 日，光绪皇帝颁布________诏书，宣布变法。9 月 21 日，慈禧太后发动政变，囚禁光绪皇帝并开始大肆搜捕和屠杀维新派人物。谭嗣同当时拒绝了友人请他逃走的劝告，决心一死，愿唤醒和警策国人。

A. “训政诏书”　　B. “公车上书”

C. “荣命圣旨”　　D. “明定国是”

三十

木兰花·拟古决绝词柬友[1]

［清］纳兰性德

人生若只如初见，何事秋风悲画扇[2]？
等闲变却故人[3]心，却道故人心易变。
骊山语罢[4]清宵半，泪雨霖铃[5]终不怨。
何如薄幸[6]锦衣郎[7]，比翼连枝当日愿。

注释

①柬友：给友人的信札。②秋风悲画扇：引用秋扇见捐、秋风纨扇，比喻女子色衰失宠，遭受冷落。③故人：指情人。④骊山语罢：借指唐明皇与杨玉环在骊山华清宫长生殿里盟誓。⑤泪雨霖铃：安史之乱，唐明皇赐死杨玉环后作《雨霖铃》曲以寄哀思。⑥薄幸：薄情。⑦锦衣郎：指唐明皇。

译文

相处若总像刚刚相识的时候那样多好，什么事导致今日的相离相弃？
如今发现我意中人的心轻易地变了，你却说情人间就是容易变心的。
就像唐明皇与杨玉环那样在长生殿起过誓言，却又最终作诀别一样。
但你怎比得上薄情的唐明皇呢，他总还有过比翼鸟、连理枝的誓愿。

赏析

这首词的题目有三个关键词，分别是“拟古”“决绝词”“柬友”，说明这首词是以被抛弃的女性口吻模仿古乐府的决绝词，送给一位朋友的。

第一句是整首词里最平淡又是感情最强烈的一句，“初见”将读者带回到初恋的美好记忆中去。刚刚认识的时候，总是那样的甜蜜，那样的温馨，那样的深情和快乐。爱情原本应该一直如此的，可如今为何眼中已没有彼此，却要相离相弃，甚至是彼此互相伤害呢？接下来，又回到了残酷的现实当中。

三四句要站在女性的角度去理解，正是词人模拟女性的口吻所写，意思是说如今男方轻易地变了心，男方却反而说情人间就是容易变心的。这怨情的背后，似乎有着更深层的痛楚。紧接着“骊山语罢清宵半，泪雨霖铃终不怨”二句引用唐明皇与杨玉环的爱情典故，说七夕的时候，唐、杨二人在华清宫里山盟海誓，可山盟海誓也抵挡不住杨贵妃被赐死啊。据说后来唐明皇从四川回长安的路上，在栈道上听到雨中的铃声，又勾起了他对杨贵妃的思恋，谱写《雨霖铃》。

“何如薄幸锦衣郎，比翼连枝当日愿”仍然是女性的口吻，“薄幸”即薄情，“锦衣郎”指唐明皇。是说你又怎比得上当年的唐明皇呢？他总还是与杨玉环有过比翼鸟、连理枝的誓愿！他们是纵然死而分离，也还有过刻骨铭心的、念念不忘的旧情。

拓展

词中“人生若只如初见”是男女刚谈恋爱的时候，由于彼此还不熟悉，总是将最完美的一面展示给自己的恋人。“何事秋风悲画扇”是引用________被弃的典故。扇子是夏天用来趋走炎热的物品，到了秋天就没人理睬了，古典诗词中多用扇子来比喻被冷落的女性。

A. 唐朝杨玉环　　B. 唐朝崔莺莺

C. 北宋秦香莲　　D. 汉朝班婕妤

初一

观沧海

［东汉］曹　操

东临[1]碣石[2]，以观沧海。
水何[3]澹澹[4]，山岛竦峙[5]。
树木丛生，百草丰茂。
秋风萧瑟[6]，洪波[7]涌起。
日月之行，若出其中。
星汉[8]灿烂，若出其里。
幸甚至哉，歌以咏志[9]。

注释

①临：到达，登上。②碣（jié）石：山名。③何：多么。④澹（dàn）澹：水波摇动的样子。⑤竦（sǒng）峙（zhì）：耸立。⑥萧瑟：秋风吹动树木的声音。⑦洪波：汹涌澎湃的波浪。⑧星汉：银河，天河。⑨幸甚至哉，歌以咏志：幸运得很，好极了，写这首诗来咏叹我的志向。乐府诗的一种结尾形式。

译文

我东行登临了碣石山，观赏那苍茫的大海。大海多么浩荡无边，山岛高高地挺立在海边。海边树木丛生，百草十分繁茂。秋风吹动着树木，发出声响，海浪涌动，波澜壮阔。日月运行，好像是从这浩瀚的海洋里出来的。星光灿烂，好像也是从这浩瀚的海洋里出来的。我很高兴，就用这首诗歌来表达志向吧。

赏析

这首诗是建安十二年（公元207年）曹操北征乌桓（huán）胜利班师，途中登临碣石山时所作，诗人借大海雄伟壮丽的景象，表达了自己渴望建功立业的雄心，渴望统一中原的抱负。

“东临碣石，以观沧海”，直接点明曹操登上碣石山顶，居高临海，目中所及，苍茫浩荡，波澜壮阔，尽收眼底。诗人把眼前海上景色和自己的雄心壮志融合在一起，展现了开阔的胸襟。

“水何澹澹，山岛竦峙”以下六句写眼前看到的景观。首先映入眼帘的是那突兀耸立的山岛，它们点缀在宽阔的海面上，使大海显得神奇壮观。其次看到郁郁葱葱的树木和茂盛的野草。然后，笔锋一转，海面波涛汹涌，起伏澎湃，虽是秋天，却无半点萧瑟凄凉的悲秋情绪。

“日月之行，若出其中”四句，转而对日月星汉的壮观，大海有吞吐宇宙的气象发出感慨。想象中“沧海”有包容万物的度量，写“沧海”也是写自己，在丰富的联想中表现出诗人博大的胸怀、开阔的胸襟、远大的抱负。全诗一气呵成，思想奔放，语言质朴，气势磅礴，也是建安风骨的代表作。

拓展

曹操《观沧海》中的“碣石山”指________。公元207年秋天，曹操北征乌桓，一战告捷。九月，胜利回师时经过此地，陆续作《观沧海》《冬十月》《土不同》《龟虽寿》，汇总为《步出夏门行》，又名《陇西行》。

A. 河北昌黎碣石山　　B. 山东无棣碣石山

C. 辽宁兴城碣石山　　D. 山东泰安碣石山

初二

梁甫[1]行

［东汉］曹　植

八方各异气，千里殊风雨。
剧哉[2]边海民，寄身[3]于草野[4]。
妻子[5]象禽兽，行止[6]依林阻[7]。
柴门[8]何萧条，狐兔翔[9]我宇[10]。

注释

①梁甫：又名梁父，泰山下的一座小山。②剧哉（zāi）：艰难啊。③寄身：居住，生活。④草野：野外、原野。⑤妻子：妻子和儿女。⑥行止：行动和休息，泛指生活。⑦林阻：山林险阻的地方。⑧柴门：以柴木做门，指居处穷困。⑨翔：这里指自在地行走。⑩宇：本意是屋檐，此处指房屋。

译文

四面八方的气候各不相同，千里范围的风雨情况不一。
海边的人民生活很艰苦啊，平时就住在野外的破草棚。
妻子儿女像禽兽一样生活，盘桓在艰难险阻的山林里。
简陋的柴门如此冷清萧条，狐狸野兔在屋内自由乱蹿。

赏析

“梁甫”是泰山下面的小山，古代迷信，认为人死后魂魄归于泰山、梁甫。《梁甫行》原是挽歌，曹植此篇用旧题描写边海地区人民贫苦的生活境况，表现了诗人对下层人民或边海流民的深切同情。

全诗以白描的手法，首句“八方各异气，千里殊风雨”表明各地的自然环境不一样，所遭受的风雨灾害程度也不一样，这是对“剧哉边海民”的衬托。各地的情况虽然不同，但最艰难困顿的要数“边海民”了，因为海边的气候是不适合人生存的。“寄身于草野”显示海边的人民生活是多么艰苦啊！

接下来的四句全方位地展现了边海贫民的痛苦生活。他们巢息穴居“象禽兽”；他们盘桓在险阻的山林里，不敢出来；他们每日出没在山林之中与动物争食争住；他们不但经受生活的艰难困苦，而且还有随时被野兽吃掉的生存危险。“柴门何萧条，狐兔翔我宇”是全诗的精华，突出边民的贫苦生活，柴门简陋凄清，在海风中摇荡，狐狸、兔子在屋檐下蹿来蹿去，使人看到生产凋敝、村落萧索的更广阔的社会图画，也扩大了全诗的境界，表达了诗人对下层人民的深切同情。

拓展

曹植天资聪颖，才思敏捷，深得曹操喜爱，几乎被立为太子，终因“任性而行，不自雕励，饮酒不节”而失宠。其文学创作以________为界，分为前后两期。前期诗歌主要是歌唱他的理想和抱负，后期诗歌主要是表达由理想与现实的矛盾所激起的悲愤。《梁甫行》是曹植后期诗歌代表。

A. 建安十五年　　B. 建安二十年

C. 建安二十五年　　D. 建安三十年

初三

暮江吟

［唐］白居易

一道残阳①铺水中，
半江瑟瑟②半江红。
可怜③九月初三夜，
露似真珠④月似弓。

注释

①残阳：一说快落山的太阳的光。一说指晚霞。②瑟瑟：碧绿的宝石，此处指碧绿色。③可怜：可爱。④真珠：即“珍珠”。

译文

傍晚时分夕阳斜射在水面，江水呈现一半绿色一半红色。

九月初三的夜晚迷人可爱，露珠晶莹像珍珠新月似弯弓。

赏析

诗人通过选取两幅幽美的自然界画面，加之新颖巧妙的比喻，将景物描写得细致和真切。全诗语言精丽流畅，格调清新，绘声绘色，给人以美的享受，成为描写秋日景色的佳作。

前两句是一幅傍晚夕阳斜照的江景。“一道残阳铺水中”的“铺”字用得最妙，形象地表现了太阳已经接近地平线，向水面斜射的样子，而且把夕阳余晖的柔美、舒适、安闲的感觉描绘了出来。如果是“照”字则平淡无奇，索然无味了。“半江瑟瑟半江红”说明此时天气晴朗，无风无浪，江水缓缓流动，江面上细小的波纹皱起，光线照耀多的部分呈现一片红色，光线照耀少的地方呈现深深的碧绿色，色彩对比十分鲜明，而且动静结合得恰到好处。这种江上波光闪动，半江碧绿，半江红色，色彩变化，惟妙惟肖，好似一幅色彩艳丽的油画。

后两句是一幅新月初升的夜景。“残阳”落下，新月升起，自然又是一番景致。“可怜”是可爱之意，通过对“露”和“月”的视觉形象描写，将朦胧的夜色图景展现在人们面前。“露似真珠月似弓”用生动的比喻，把天上地下的两种景象压缩在诗句中，秋天的江边，夜色降临，空气湿润，草木上都凝结起露珠，“露似真珠”写出秋叶特点，创造出和谐、宁静的意境。九月初三，月牙刚出现，弯弯的，像一张弓。像“真珠”一样的“露”，像“弓”一样的新月，正是“九月初三夜”这般独有的柔美、可爱，才令诗人赞叹不已，流连忘返，迟迟不归。

拓展

白居易的诗大都语言通俗，音调和谐，具有形象鲜明，政治讽喻之意。在《与元九书》中说：“文章合为时而著，歌诗合为事而作。”他把自己所作的诗分为讽喻、闲适、感伤、杂律四类，大体上前三类为古体，后一类为近体。前三类大致以内容区分，但有相交。四类诗中，白居易自己比较重视前两类。《暮江吟》属于白居易________中的一首。

A. 杂律类　　B. 感伤类

C. 闲适类　　D. 讽喻类

初四

饮酒（其五）

［东晋］陶渊明

结庐[①]在人境[②]，而无车马喧。
问君何能尔[③]？心远地自偏。
采菊东篱下，悠然见[④]南山。
山气日夕[⑤]佳，飞鸟相与[⑥]还。
此中有真意[⑦]，欲辨已忘言[⑧]。

注释

①结庐：建造房屋。结，建造、构筑。庐，简陋的房屋。②人境：人聚居的地方。③尔：如此，这样。④见（jiàn）：动词，看见。⑤日夕：傍晚。⑥相与：相伴。⑦真意：真谛。⑧忘言：不用言语而心领神会。

译文

居住在人们聚集之地，却没有车马喧嚣之扰。
问我怎样做到这样的？因我的心远离了世俗。
在东篱采菊偶然抬头，一下子撞上南山景色。
傍晚雾气在山峦缭绕，飞鸟成群结伴地归巢。
感受人生真正的意趣，不用言语而心领神会。

赏析

全诗用质朴、平淡的语言，描绘出诗人悠闲自得的心境和对宁静自由田园生活的热爱。通过诗人宁静安详的心态和闲适自得的情趣，体会到他内心摆脱世俗的束缚，返回自然的人生理想。

首句言自己虽然居住在人世间，但并未受到世俗交往的侵扰。为何处“人境”而“无车马喧”的烦恼呢？因为“心远地自偏”，只要内心能摆脱世俗的束缚，那么，处于喧闹的环境里，也如同居于僻静之地。“问君何能尔？心远地自偏”是通过自问自答的形式，阐述只要在精神上摆脱了世俗环境的干扰，就能做到“大隐隐于市”。“心远地自偏”很好地回答了如何远离尘俗，做到超凡脱俗，这正是陶渊明的哲学思想。

“采菊”两句中“悠然”写出诗人那种恬淡闲适的生活和对功名无所图的心境。“见”字表现了诗人看山不是有意而为，而是采菊时，无意间映入眼帘，做到人山合一、天人合一。“山气日夕佳，飞鸟相与还。”傍晚时分的南山景致正好，雾气在山峦间缭绕，倦鸟正成群结队地飞回它们栖息的树林。诗人既是写实景，又是写意境，从南山的美景中，从飞鸟归林的运动中，联想到自己归隐。

“此中有真意，欲辨已忘言。”描述大自然的美景还不够，诗人在归隐中真正领悟到了人生的意趣和真谛，表露了纯洁自然的恬淡心情。但这种真谛究竟是什么呢？诗人不做回答，因为这要靠自己的心灵去感受。

拓展

诗人在劳动之余，饮酒酣醉之后，在晚霞的辉映之下，在山岚的笼罩之中，采菊东篱，遥望南山。“采菊东篱下，悠然见南山”的“南山”最有可能的是________。

A. 华山　　B. 庐山

C. 嵩山　　D. 泰山

寒露

归园田居（其三）

［东晋］陶渊明

种豆南山下，草盛豆苗稀。
晨兴[①]理荒秽[②]，带月荷锄[③]归。
道狭草木长[④]，夕露沾我衣。
衣沾不足惜[⑤]，但使愿无违[⑥]。

注释

①兴：起身，起床。②荒秽（huì）：荒芜，污秽。此处指野草之类。③荷（hè）锄：扛着锄头。④长：一说读 cháng，形容词，丛生；一说读 zhǎng，动词，长得茂盛。⑤不足惜：不值得可惜。⑥无违：没有违背，不要违背。

译文

在南山下的田里种了豆子，地里杂草茂盛而豆苗稀疏。
清晨起身去田里清除杂草，夜晚月光下扛着锄头回家。
走在草木丛生的狭窄路上，晚间露水浸湿了我的衣裳。
衣裳湿了没有什么大不了，只要不违背归隐意愿就好。

赏析

陶渊明做了八十天彭泽县令后，毅然辞去了官职，返回家园，心甘情愿地扛起了锄头，辛勤地躬耕于田间，做起了田园隐士。《归园田居》共五首，在第一首中，陶渊明自述，自己从小就不适应世俗生活，天性喜爱自然山水和自由自在的生活状态。这种境界令无数后人称赞、钦佩乃至效仿。此为第三首。

前四句表现诗人躬耕劳作的生活状态，指明自己在“南山下”耕种的是“豆”，由于缺乏经验，“草盛豆苗稀”的劳动后果，也就不足为怪了。反而让人觉得陶渊明的诗文淳朴自然，亲切真实。“晨兴理荒秽，带月荷锄归”是归隐后劳动和生活的亲身体会。“晨兴”而作，“带月”而归，仿佛能体味到诗人扛着锄头回家时的心情，表现出劳动者的喜悦，品味出对田园生活的热爱。

后四句抒写这种生活的轻松潇洒，诗人对心中的理想从未放弃过。“道狭草木长，夕露沾我衣”表述道路狭窄，草木丛生，夕露沾衣，是田间地头自然环境的真实写照，只有身体力行，终日劳作在田野，才能够体会出来。“衣沾不足惜，但使愿无违。”诗人说，衣服沾湿了，没有什么大不了的，只希望不违背自己最初归隐的心愿。“愿”是归隐田园的意愿，是不为五斗米折腰的志愿，是“复得返自然”的心愿。

陶渊明认为，最令人愉快的，倒不在于这种悠闲自然，而在于从此可以远离官场，按照自己的意愿生活。

拓展

陶渊明厌倦了也看透了官场的黑暗腐朽，于公元405年末，正式辞官，开始了他的归隐生活，直至生命结束。他在此期间创作了许多反映田园生活的诗文，如《归园田居》五首、《杂诗》十二首，成为中国文学史上著名的田园诗人之一。《归园田居（其三)》是流传最为广泛的一首，诗中的南山指________。

A. 庐山　　　　B. 华山

C. 终南山　　　　D. 秦岭

初六

枫桥夜泊

［唐］张　继

月落乌啼[1]霜满天，
江枫[2]渔火对愁眠。
姑苏[3]城外寒山寺[4]，
夜半钟声到客船。

注释

①乌啼：一说为乌鸦啼鸣，一说为乌啼镇。②江枫：一说江边枫树，一说江桥和枫桥。③姑苏：苏州的别称，因城西南有姑苏山而得名。④寒山寺：在枫桥附近的寺庙，始建于南朝梁代。

译文

月亮西沉，乌鸦啼叫，寒气满天，对着江枫和渔火忧愁而眠。
姑苏城外，寒山古寺，寂寞清冷，半夜寺里的钟声传到客船。

赏析

诗人张继在群星璀璨的唐朝诗人中，默默无名，甚至生卒年月都不详，但凭借《全唐诗》中仅存的一首《枫桥夜泊》，却将其人其诗流传千年，甚至远播日本，家喻户晓。张继于公元753年中进士，然而在铨选（吏部主选文官，兵部主选武官）时落第，归乡时，途经寒山寺，夜泊于枫桥附近的客船中，夜里难以成眠，听到寒山寺传来的钟声，有感而作。

首句写枫桥秋天夜晚的景色，渲染一种凄清寒冷的感受。“月落”表明时间在流逝，“乌啼”表明周围声音的凄厉，隐约透露出夜里的几分寒意，可见此时诗人情绪应该是低落的。诗人发现夜色中空气都凝结了，在朦胧的夜色里似乎有寒霜充塞在天地之间。次句描绘枫桥附近的景色和愁寂的心情。“江枫”一说是江边枫树，一说是江桥和枫桥，但枫叶作为秋天代表性的景色，显然更能对秋意渐浓有所暗示。每个背井离乡之人，都曾满怀抱负和希望，当秋天到来，天气转凉的时候，会让人加倍思念家乡的温暖，而只有船上的“渔火”，不免倍感寂寞和孤单。诗中把“江枫”和“渔火”拟人化了，“对愁眠”的“对”字包含了“伴”的意蕴，表达旅人面对“江枫渔火”时萦绕在心头的缕缕愁意，这种景致特别引人注目，令人遐想。

后两句用夜的静美和悠扬的钟声，反衬诗人羁旅之愁。诗人在枫桥夜泊中体味最深的就是这寒山寺传出来的钟声。在朦胧的月色下，带着禅意的钟鸣之声，划破秋夜的寂静，穿破客船的寂寥，清晰地传入诗人的耳朵，直入诗人的心底。正是前两句通过“月落”“乌啼”“霜满天”“江枫”“渔火”等意象对秋色、秋意和忧愁的暗示，才使得最后一句与人物的心情达到了高度的默契与交融，力透纸背，意境深远。

拓展

寒山寺始建于南朝年间，距今已经1500余年，《枫桥夜泊》问世后，寒山寺更加名扬天下了。历代文人墨客为寒山寺刻石、刻碑者不乏其人，但历经千年，几经战乱，多以毁损，荡然无存了。目前寺中石碑上镌刻着这首脍炙人口的《枫桥夜泊》为________手书。

A. 北宋宰相、文学家王珪

B. 明代画家、书法家、文学家文徵明

C. 民国政治家、史学家张继

D. 清代学者、文学家、经学家俞樾

初七

不第[1]后赋菊

［唐］黄　巢

待到秋来九月八[2]，
我花开后百花杀[3]。
冲天香阵透长安，
满城尽带黄金甲[4]。

注释

①不第：科举落第。②九月八：九月九日为重阳节，此处“九月八”是为了押韵。③杀：此处指凋落。④黄金甲：指铠甲般金黄色的菊花。

译文

等到九月重阳节来临之时，菊花开后别的花都凋落了。

冲天的香气弥漫整个长安，满城金黄色如同铠甲一般。

赏析

这是黄巢科举不中之后写的一首咏菊诗。可以看出，这次落榜之后，黄巢对朝廷已失去了认同，对科举也失去了耐心，对于腐败的官场、腐朽的贵族、黑暗的吏治是彻底失望了。黄巢借咏菊以抒抱负，境界豪迈，气势恢宏，表明自己想要通过努力改变自我命运的志向。

这次科举考试发榜，有人“春风得意马蹄疾”，相互间弹冠相庆，而此时的黄巢正在长安城中落寞徘徊，仿佛能感知到黄巢落榜后和友人悄悄诉说——“待到秋来九月八……”。“待到”二字露出一种迫不及待之意，一种时不我待之感，心中已经涌现呼唤革命暴风雨早日来到的情绪，有“岁在甲子，天下大吉”的味道。次句“我花开后百花杀”是用菊花作为个人形象代表，郑谷曾有诗“王孙莫把比蓬蒿，九日枝枝近鬓毛”。在秋天菊花开后，群芳已经凋谢。在黄巢的眼中，那些权贵们就如同养尊处优的各种鲜花，待到我黄巢得志之后，要把你们这些花花草草全部都拔除掉，体现出诗人身上的斗争精神和必胜信念。

后两句借菊花冲天香气和耀眼金色表达对未来的憧憬。“冲天”二字写出了菊花香气浓郁，直冲云天的特点，“香阵”写出菊花不是一枝独秀，而是庞大阵群。诗人赋予菊花以英雄风貌和高洁品格，强烈显示出改天换地的气势。“尽带黄金甲”一语双关，既是写菊花之盛，无处不在，也是黄巢内心所构建新世界的景象。在黄巢流传下来的三首诗中，有两首是以菊花为题材的咏物诗，其中《题菊花》写道：“飒飒西风满院栽，蕊寒香冷蝶难来。他年我若为青帝，报与桃花一处开。”可以看出，黄巢偏爱用菊花做自比，寄希望于千千万万个受剥削、受压迫的人民能和他一道，在逆境中找到出路，改变自己的命运。

拓展

黄巢是唐末农民起义领袖。公元880年十二月十三日，黄巢起义军攻进长安，于含元殿即皇帝位，国号“________”。他终于实现了“满城尽带黄金甲”的理想，可是长安却经历了一场浩劫，黄巢的部队烧杀抢掠，无所不为。在唐军四面合围下，公元884年六月十五日，黄巢败死狼虎谷。

A. 大齐　　B. 大新

C. 大楚　　D. 后唐

初八

蜀中九日

［唐］王　勃

九月九日望乡台①，
他席②他乡送客杯。
人情已厌南中③苦，
鸿雁那④从北地来。

注释

①望乡台：古代出征或流落在外乡的人，往往登高或登土台，眺望家乡，称为望乡台。②他席：别人的酒席。这里指为友人送行的酒席。③南中：南方，这里指西蜀一带。④那：为何，为什么。

译文

九月九日重阳节登上望乡台，在他乡设酒席送朋友离开。

心中已厌倦了南方客居之苦，鸿雁为何还要从北方飞来。

赏析

公元670年重阳节，客居西蜀的王勃参加送别友人的宴会并登高回望故乡，勾起了诗人浓郁的乡愁。诗人在送别友人之际，表明心中已经厌倦南方的愁苦，并将思乡之情寄托于鸿雁身上，表达自己希望早日回到故乡的愿望。

前两句以“望乡台”“送客杯”作对仗，突出诗人身在异乡的孤独和思乡心切。起句点题，点明了时间是重阳节，地点是望乡台，以此来表达乡愁，思乡之情倍增。“他席他乡送客杯”表明诗人当时是在异乡的送别宴上喝着送客的酒，酒入愁肠，倍感凄凉。用“望乡台”与“送客杯”两个词直抒胸中之苦，感情强烈。

后两句委婉别致，借景抒情，用北雁南飞反衬北人久居南方思念故乡的苦闷之情。每到秋天，北方的严寒气候不再适合大雁生存，大雁便会飞往温暖的南方，北雁南飞本是自然现象，而诗人偏将自己的思乡之情附加在它的身上，以“鸿雁”不知“南中”之苦来反衬自己的思乡之情，这样反复地抒发更突出了乡愁之浓烈。诗中“人情已厌南中苦”另有深意，源于王勃所作的《斗鸡赋》。在京城时，王勃见沛王李贤与英王李显斗鸡，为给沛王助兴，写了一篇《檄英王鸡文》，讨伐英王的斗鸡。不料此文传到唐高宗手中，高宗读毕则怒而叹道：“歪才，歪才！二王斗鸡，王勃身为博士，不进行劝诫，反倒作檄文，有意虚构，夸大事态，此人应立即逐出王府。”于是，王勃被逐出长安，来到巴蜀，功名利禄就这样毁于一旦，直到南海的滔天海浪吞噬了这个旷世天才。

拓展

“九”数在《易经》中为阳数，“九九”两阳数相重，故曰“重阳”。因日与月均为九，故又称为“重九”。九九归真，一元肇始，古人认为九九重阳是吉祥的日子。________时被定为正式节日，从此宫廷、民间一起庆祝重阳节。

A. 唐代　　B. 西汉

C. 魏晋　　D. 东汉

重阳

九月九日忆山东兄弟

［唐］王　维

独在异乡为异客①，
每逢佳节倍思亲。
遥知兄弟登高②处，
遍插茱萸③少一人。

注释

①异客：作客他乡的人。②登高：此处指重阳节登山的风俗。③茱（zhū）萸（yú）：一种香气浓郁的植物，旧时风俗于农历九月九日折茱萸插头，可以辟邪。

译文

独自离家成为做客他乡的人，每逢佳节格外思念家乡亲友。

遥想今日兄弟纷纷登上高处，都插上茱萸可惜缺少我一人。

赏析

公元715年，王维15岁离家赴长安，直到21岁进士及第，都独自一人漂泊在洛阳与长安之间。此诗是王维17岁时因重阳节思念家乡的亲友而作，抒发身在异乡的游子适逢佳节对故乡亲友深切的思念之情，引起广泛共鸣，堪称千古绝唱。

前两句写游子在他乡孤独无亲，在亲友团聚的日子倍感怀亲之情。开篇一个“独”字，强烈地表达出一种难以排遣的孤独感，两个“异”字复叠使用，把对亲人的思念和自己孤身处境的感受都凝聚在了其中。王维的家乡在河东蒲州（今山西省永济市），虽然距离长安和洛阳并不远，但古代交通不便，在山水阻隔下，两地的人情风俗、生活习惯却大不相同，“异乡”的“异客”感到自己是漂浮在异地生活的一叶浮萍。“佳节”是“忆”的爆发点，17岁的诗人，可能在平日里还是达官贵人的座上宾，但每逢佳节来临，达官贵人们都以家宴自娱，王维孤独的感觉会更加深刻，思乡之情也会更加强烈，所以直抒胸臆——“每逢佳节倍思亲”。这既是诗人日常感受的升华，又是长期客居异乡的游子在节日心情感受的概括和总结，有广泛的共鸣性和代表性。

后两句由己及人，更加深沉，表达珍视兄弟手足之情，思念家乡亲人之深。“遥知”是跨越空间的距离，在同一个时间的维度下，诗人巧妙地通过重阳节佩茱萸登高这一富有典型意义的生活细节，来使思念之情具体化、形象化。“遍插茱萸少一人”是忆起了家乡的兄弟们在重阳节佩戴茱萸登高时少了自己的情形，从而更加深刻地衬托出诗人身在他乡的孤独和无限思亲的深情。

拓展

王维才华早显，幼年聪明过人，15岁时去京城应试，由于能写一手好诗，工于书画，而且还有音乐天赋，所以在京城期间一直成为王公贵族的宠儿。这一年胞弟王缙也回老家了，让在京城举目无亲的王维倍感孤独，思乡情绪愈加浓重，遂作《九月九日忆山东兄弟》，诗中的山东是指________以东。

A. 太行山　　B. 泰山

C. 恒山　　D. 华山

初十

忆秦娥·箫声咽

［唐］李　白

箫声咽[①]，秦娥[②]梦断秦楼[③]月。秦楼月，年年柳色，灞陵[④]伤别。

乐游原[⑤]上清秋节，咸阳古道音尘[⑥]绝。音尘绝，西风残照[⑦]，汉家陵阙[⑧]。

注释

①咽（yè）：呜咽，此处形容箫管吹出的曲调低沉而悲凉。②秦娥：娥，美人通称，秦娥犹言秦女，相传为春秋秦穆公女弄玉，泛指美貌的女子。③秦楼：传说秦穆公为弄玉所建之楼。④灞（bà）陵：汉文帝陵，附近有灞桥，唐人折柳送别的所在，在今陕西省西安市。⑤乐游原：在长安东南郊。⑥音尘：指音信，消息，踪迹。⑦残照：指落日余晖。⑧汉家陵阙：汉朝皇帝的陵墓。借汉喻唐，唐人诗中常见。

译文

箫声悲凉呜咽，女子从梦中惊醒时，高楼上正挂着一轮明月。
高楼上的明月，和桥边青青的柳色，勾起灞陵一段伤心离别。
清秋佳节遥望“乐游原”，通往咸阳的古道上，音信已断绝。
音信断绝，西风萧瑟，残阳如血，眼前只剩下一片汉朝陵阙。

赏析

这首词中的气象博大深厚、意境开阔、气韵沉雄，又带有悲凉之气。

王国维在《人间词话》中称此词“以气象胜”。

词的上阕伤别离。写一个京城女子在一个月照高楼的夜晚，被呜呜咽咽、如泣如诉的箫声惊醒了好梦，醒来一看，只有空寂清冷的月色，心里无比悲伤，一个“咽”字，渲染出整首词境界之凄凉；一个“断”字，烘托出秦娥内心的彷徨和失望。不禁勾起女子往年在灞桥折柳、依依不舍地送别爱人时的伤情回忆。

下阕出现较大的转折，词人将自身置入其中，进入繁华都城的历史长河，实际上这是词人以秦娥对情人的思念来表达自己内心对某种事或物的苦思与追求。“清秋节”点明是清凉的秋季，既补写上阕没有明写的时间，又点染下阕冷清寂寥的气氛。一句“乐游原上清秋节”，手法极其巧妙，扣人心弦，足够让人想象长安都城人流如织的繁华之貌。通过对秦、汉那样赫赫王朝的遗迹——咸阳古道、汉代陵墓的着笔，引发人们进入历史的沉思——悠悠“古道”，“音尘”已绝，“汉家陵阙”不必拘泥于汉家，是中晚唐时人伤乱之作。“西风残照”，原本佳人相伴的欢乐节日也已成历史，只留下主人公孤单伫立在夕阳残照，只剩下陵墓相伴的萧瑟西风。如血的残阳，宏伟的建筑，在凛冽的“西风”百年、千年的侵蚀下，只留下眼前的“汉家宫阙”了，给人一种悲壮的历史消亡感。

拓展

词中“乐游原上清秋节”的“清秋节”是指________。源于上古时代，普及于西汉，鼎盛于唐代以后。唐代是传统节日习俗糅合定型的重要时期，在历史发展演变中杂糅多种民俗为一体，如今更是承载了丰富的文化内涵。

A. 立秋日　　B. 秋分日

C. 中秋日　　D. 重阳日

十一

醉花阴·薄雾浓云愁永昼

［宋］李清照

薄雾浓云愁永昼①，瑞脑②消金兽③。佳节又重阳，玉枕④纱厨⑤，半夜凉初透。

东篱⑥把酒黄昏后，有暗香⑦盈袖。莫道不销魂⑧，帘卷西风⑨，人比黄花瘦。

注释

①永昼：漫长的白天。②瑞脑：一种薰香名，冰片的别名。③金兽：指兽形的香炉。④玉枕：如玉的瓷枕。⑤纱厨：用纱做成的帐子，用以避蚊虫。⑥东篱：源自陶潜“采菊东篱下”句，泛指采菊之地，也特指词人的小院。⑦暗香：这里指菊花的幽香。⑧销魂：形容极度忧愁、悲伤。⑨帘卷西风：秋风吹动帘子。

译文

薄雾弥漫，浓云密布，烦愁的白昼太漫长，熏香在金兽香炉中燃尽。
又到了重阳节，在纱帐中躺在瓷枕上，半夜感到凉气正将全身浸透。
一边赏菊，一边饮酒，直到黄昏之后，那菊花淡淡的清香溢满衣袖。
别说这样就不会悲伤，秋风吹起帘子，帘内的人比那黄花更加消瘦。

赏析

这首词是李清照婚后不久所作，她深深思念着远行的丈夫，时值重阳节，便写下这首词寄给赵明诚。

上阕通过秋天室内外的景物描写，表现了词人白日孤独寂寞的悲伤愁怀、夜间孤枕难眠的凄苦之情。首句从天空布满“薄雾浓云”写起，这种阴冷的天气也最使人感到愁闷。“永昼”是词人心理上的错觉，感觉时间漫长无聊。看见香炉里熏香已渐渐烧完了，可自己心中的愁思为何总缕缕不绝呢？可见“消金兽”的过程，是词人打发时间的过程，写出了消磨时间的无聊，同时又烘托出环境的寂冷。

下阕写重阳节这天赏菊饮酒，只有佳人独对西风、借酒浇愁的情景。“东篱把酒黄昏后”巧妙地化用了陶渊明的诗句，词人这个重阳节也赏花，也饮酒，甚至还“有暗香盈袖”，此句化用了《古诗十九首》“馨香盈怀袖，路远莫致之”句意。每逢佳节倍思亲，酒后让词人想起重阳佳节时本应夫妻团圆，而如今却自己孤身一人，独对良辰美景虚度光阴。词人再无饮酒赏菊的情绪，于是，匆匆回到房中。“帘卷西风”一句直接为“人比黄花瘦”一句作环境气氛的渲染，此时，瑟瑟“西风”把帘子掀起了，帘内的人感到一阵寒意，想起刚刚把酒欣赏的菊花，它枝杈纤柔，花瓣细长，形态纤瘦。词人在悲秋伤别时，度日如年，寝食难安，消愁无计，以花木之“瘦”比人之瘦，此句也成为千古传诵的佳句。

拓展

李清照的丈夫赵明诚是北宋著名的________。据说，接到这首《醉花阴》后，不甘下风，废寝忘食，三日三夜，写出五十阕词。他把李清照的这首词也杂入其间，请文人陆德夫品评。陆德夫看后说：“只三句绝佳。”赵明诚问是哪三句？陆德夫言：“莫道不销魂，帘卷西风，人比黄花瘦。”

A. 金石学家　　B. 文学家

C. 儒学家　　D. 政治家

十二

风

［唐］李　峤

解落①三秋②叶，
能开③二月花。
过江千尺浪，
入竹万竿斜④。

注释

①解落：解散，散落。②三秋：一说泛指秋季；一说指秋季第三个月，农历九月。③开：使……开。④斜：倾斜，歪斜。

译文

能够吹落深秋的树叶，可以催开初春的鲜花。

掠过江面卷起千尺浪，进入竹林能使竹竿斜。

赏析

李峤的诗有很多都是单字为题，如其代表作有《风》《梅》《雨》《竹》《雪》《雾》等。写“风”的就有几首，其中这首最为出名。诗中巧用四种自然景物，把风的力量、风的柔情、风的强悍、风的潇洒写得淋漓尽致，给看不见、摸不到的“风”，营造了四种典型的艺术意境。

“解落三秋叶，能开二月花”是就风的功能而言的，秋风能令万木凋零，春风却又能令百花绽放。秋风飒飒，步履轻盈，像一团火，层林尽染，似一把刀，落叶归根；春风柔美，恩泽万物，轻吻柳枝，吹皱水面，春草又绿，春花又开，这就是诗人笔下风的力量。“解落”不像“扫落”“刮落”，体现风的细心、轻柔、不急不慢，不狂不躁。“能开”是风在唤醒、催生、召唤，饱含春风的温柔关怀，让人倍感舒适。

“过江千尺浪，入竹万竿斜”是就风的形象而言呈现两种景象。“过江”卷起“千尺浪”是疾风，风疾才浪高，直冲云霄；“入竹”引来“万竿斜”是劲风，风劲竹才伏，云飞雨住。诗人通过“过”“入”“高”“低”“直”“斜”六个字，把自然界物象在风的作用下所产生的变幻，鲜活而传神地表现出来。

风为自然界之物象，本是看不见摸不着的，只能经由生命个体用心去感受或通过外物的变化才知晓。诗名为《风》，而全诗未出现一个“风”字，却通过“叶”“花”“江”“竹”四种景物，因风带来的外在形态变化，以“三”“二”“千”“万”数字排列来表现风的变幻，也表达了诗人对大自然的敬畏之情，让人真切感受到风的魅力。

拓展

李峤早年在科举考试中以甲等及第，文章曾与骆宾王齐名，后来在________时期高居相位。只是，李峤生活的时代太特殊，先后历仕五朝，因其惯于趋炎附势，所以遭到史家的差评。

A. 高宗　　B. 睿宗

C. 武周　　D. 玄宗

十三

送兄

［唐］佚　名

武后①召见，令赋送兄诗，应声而就。

别路②云初起，
离亭③叶正稀。
所嗟④人异雁，
不作一行归。

注释

①武后：即武则天。②别路：送别的道路。③离亭：驿亭。古时人们常在驿亭送别。④嗟（jiē）：感叹。

译文

兄妹离别路上秋云初起，驿亭周围树叶纷纷飘落。

感叹形单影只不如大雁，无法一起做伴同行同归。

赏析

这首诗是武则天时期一位七岁的女孩在殿堂上面对武后和群臣应声而作的。《全唐诗》对作者的介绍是“如意中女子”，其真名实姓、生卒年月、何地之人等皆无从考证。题目“送兄”点明主旨，定下全诗的基调，是送别兄长而命题所作。

前两句“别路”“离亭”点明地点和时间，情感脉络由此铺开。“云初起”一语双关，一方面指天空中秋云乍起，秋天的初云，悠远、空旷、缥缈，表现出诗人内心的不舍与悲凉；另一方面指与兄别离，自己将孤身一人，心中自然“愁云初起”。“叶正稀”结合下句中诗人触景生情联想到的“雁”来推断，应该是在一个秋风萧瑟的季节。古人送别要折下柳枝，因“柳”与“留”谐音，有留住之意，“离亭”的“叶正稀”也有双关之意，一方面秋风萧瑟，树叶已纷纷落下；另一方面此处的“离亭”，因前面不断有人送别，使得柳枝折尽，渐渐稀少。这两句营造了一种萧条惆怅的离别氛围，为后两句的对比、反衬埋下了伏笔。

“所嗟人异雁，不作一行归”是比兴的写法，将“人”和“雁”来比较，感叹于二者的迥异。大雁可以根据季节的不同，成群结队地排成一行，它们北飞南渡，是有规律、有季节性的，但诗人的兄长却不能像大雁一样，不仅形单影只没有结伴的朋友，而且何时能归也是遥遥无期。“不作一行归”抒发出了妹妹不能同哥哥同行的感慨，这是以大雁的同出同归，反衬亲人之间的离别，则离别之愁绪更甚。

拓展

在中国历史长河中，涌现不少“七龄思即壮，开口咏凤凰，九龄书大字，有作成一囊”的神童，一方面，他们自小受到文化艺术的熏陶，对日后的诗歌创作有很大的影响；另一方面，他们勤学苦练，刻苦好学，终成大器。据考证，以下诗词不是诗人在七岁作的是________。

A. 骆宾王的《咏鹅》　　B. 黄庭坚的《牧童诗》

C. 李贺的《高轩过》　　D. 寇准的《咏华山》

十四

寄扬州韩绰判官①

[唐]杜 牧

青山隐隐水迢迢②，
秋尽江南草未凋。
二十四桥③明月夜，
玉人④何处教吹箫⑤。

注释

①判官：观察使、节度使的属官。当时韩绰（chuò）应任淮南节度使判官。②迢（tiáo）迢：指江水悠长遥远。③二十四桥：一说为历史上扬州的二十四桥，已颓废于荒烟衰草；一说扬州有一座桥名叫二十四桥。④玉人：貌美之人。这里是杜牧对韩绰的戏称。⑤箫：竹制的管乐器名。

译文

青山隐隐约约绿水千里迢迢，秋时已尽江南草木还未枯凋。

秋夜清幽明月映照二十四桥，你这美人身在何处教人吹箫。

赏析

这首诗是杜牧任监察御史时，由淮南节度使幕府回长安供职后所作。全诗意境优美，景致悠扬。

首句从大处落墨，画出青山依依，隐于天际，绿水蜿蜒，悠长遥远的远景。“隐隐”和“迢迢”这一对叠字，不但刻画出了山清水秀的江南风光，而且暗示出诗人与友人之间的空间距离，在想象中展现出江南繁华的景色。“秋尽江南草未凋”一作“草木凋”，有的版本将诗中的“未”字少了一笔。秋尽而草木凋，自是常事，但此时杜牧在淮南而寄扬州的韩绰，应该厌恶淮南草木摇落，而羡慕江南之繁华，若作“草木凋”，则与“青山”“明月”“玉人吹箫”的意境不一样了。

“二十四桥明月夜，玉人何处教吹箫”展现出诗词独特的意境美。这样的月色如诗如画，如梦如幻，月色浪漫，令人眷恋，不禁引人深深的惆怅情思和无限遐想。杜牧在《遣怀》诗中第三句有“十年一觉扬州梦”，说明他记忆中最美的印象是在扬州。“二十四桥”一说扬州城里原有二十四座桥，一说吴家砖桥因古时有二十四位美人吹箫于桥上而得名。“玉人”既可借以形容天生丽质的女子，又可比喻风流俊美的才郎，从寄赠诗的作法及末句中的“教”字看来，此处“玉人”当指韩绰。

全诗将草木未凋之秋，桥上吹箫之夜，喧哗都城之恋融为一体，在静谧的月光下，仿佛听到呜咽悠扬的箫声，飘散在已凉未寒的江南秋夜，回荡在青山绿水之间。

拓展

杜牧是唐代杰出的诗人、散文家，是宰相杜佑之孙，杜从郁之子。他在文学创作上有多方面的成就，诗、赋、古文都是名家，喜老庄道学。杜牧晚年居长安南的________，闲暇之时经常在这里以文会友。

A. 蓝田别墅　　B. 终南别墅

C. 辋川别墅　　D. 樊川别墅

十五

静夜思

［唐］李　白

床[1]前明月光，
疑[2]是地上霜。
举头望明月[3]，
低头思故乡。

注释

①床：争议较多，其中“井栏”和“卧具”这两种说法支持者最多。②疑：怀疑，好像，似乎。③举头望明月：此为明代版本，流传度很高，并被收录于各版本的语文教科书中。清朝时期的《唐诗三百首》与此相同。南宋洪迈《万首唐人绝句》的《夜思》为“举头望山月”。

译文

床前一片皎洁的月光，像地上铺了一层白霜。

抬头仰望夜空的明月，低头思念远方的家乡。

赏析

《静夜思》写于公元726年九月十五日，这是李白出蜀后的第一年，独在异乡扬州，夜晚抬头望见天空的一轮皓月，思乡之情油然而生。诗中没有华丽的辞藻，却意味深长，耐人寻味，千百年来流传不衰。

起句直接呼应诗的题目，流露出在静谧的夜色里，产生的羁旅思绪。“床前明月光”可谓平实朴素至极，以此清静之景来衬托诗人的寂寞孤单。

“床前明月光”有作“床前看月光”，中间嵌进一个动词，语气稍显滞重，而且“月光”是无形的东西，不好特意去“看”，如果特意“看”，也就不会错当成“霜”了，而说“明月光”，则似不经意间月光映入眼帘，更加朗朗上口，这也是“床前明月光”版更受欢迎的原因。次句的“疑”字更耐人寻味，形象地揭示了诗人的内心活动。此时是农历九月十五，已值深秋，月白霜清，以“霜”色形容月色，体现出诗人奇特新颖的想象。秋月是分外光明，秋色又十分清冷，对孤身远行的游子来说，最容易触动旅思情怀。

后两句用一“望”一“思”写远客思乡之情。古时，夜间没有今日的灯火阑珊、霓虹闪烁，明月自然是唯一能普照大地的光源了，它不仅照耀诗人自身，还照耀远在千里之外的家乡，通过“明月”来寄托所思所想是最为简便和直接的。“举头望明月”一作“举头望山月”，“望明月”较之“望山月”不但摆脱了地理环境的限制，还有同是天涯明月夜的感受，这也是“举头望明月”版更受欢迎的原因。从“举头”到“低头”，抒发了诗人在寂静的月夜不能成眠，思念家乡一山一水、一草一木的真切感受。

拓展

李白的《静夜思》构思细致，自然精巧，脱口吟成，浑然无迹，内容容易理解，却又体味不尽。诗中的“床”字却成为历来争论和异议的焦点，各家说法颇多，其中解释不当的是________。

A. 同“窗”　　B. 胡床

C. 供睡觉用的家具　　D. 井台

十六

宣州谢朓楼饯别校书叔云①

［唐］李　白

弃我去者，昨日之日不可留；
乱我心者，今日之日多烦忧。
长风万里送秋雁，对此可以酣②高楼。
蓬莱文章③建安骨④，中间小谢⑤又清发⑥。
俱怀⑦逸兴⑧壮思飞，欲上青天览⑨明月。
抽刀断水水更流，举杯消愁愁更愁。
人生在世不称意⑩，明朝散发⑪弄扁舟⑫。

注释

①宣州谢朓（tiǎo）楼饯别校（jiào）书叔云：在今安徽宣城谢公楼以酒食送行秘书省校书郎叔叔李云。②酣（hān）：畅饮。③蓬莱文章：指李云的文章。④建安骨：建安风骨。⑤小谢：指谢朓，南朝齐诗人。⑥清发（fā）：指俊逸的诗风。⑦俱怀：都怀有。⑧逸兴（xìng）：飘逸豪放的兴致。⑨览：通“揽”，摘取。⑩称（chèn）意：称心如意。⑪散（sàn）发（fà）：去冠，披发，指隐居。⑫扁（piān）舟：指隐逸于江湖之中。

译文

昨天的日子渐渐离我远去，已经不可能挽留；
今天的日子扰乱了我的心，充满着无限烦忧。
万里长风送走秋雁，面对美景正可高楼酣饮。
您的文章如建安风骨，我有谢朓诗风的清秀。

我们都满怀豪情逸兴，欲飞上青天摘取明月。

拔刀断水水却奔流，举杯消愁心中更加忧愁。

人生在世不能称心如意，不如明日隐逸江湖。

赏析

诗的前两句浅显易懂，诗人深感日月不居，时光难驻，心事烦忧。可以理解为：已经抛弃我的昨天，已经留不下了，扰乱我心思的今天，却又惹人心烦。“长风”两句将一幅壮阔明朗的万里秋空画图跃然纸上，展现出诗人豪迈宽广的胸襟。人生得失相依，失之东隅，收之桑榆，诗人放下无奈，对着辽阔明净的秋空，遥望万里鸿雁的壮美景色，不由得激起酣饮高楼的豪情逸兴。

接下来赞美李云的文章风格刚健有力，具有“建安风骨”，自己的诗像“谢朓”那样，也别具清新风格，流露出对自己才能的自信。这两句自然地扣住了题目中“谢朓楼”和“校书”两个关键词。李云时任秘书省校书郎，掌管朝廷的图书整理工作。既然彼此都怀有豪情逸兴，雄心壮志，酒酣兴发，更是飘然欲飞之时。结句“抽刀断水水更流，举杯消愁愁更愁”的比喻是奇特而富有独创性的，同时又是自然贴切而富有生活气息的。“人生在世不称意”，毕竟人生不如意十之八九，李白心中的郁闷与不平，在当时的历史条件下，是无法解决的，故借着酒力云：“散发弄扁舟”，抒发个人心情。

拓展

因为东汉时学者称东观（政府的藏书机构）为道家蓬莱山，唐人又多以“蓬山”“蓬阁”指________。

A. 秘书省　　B. 尚书省

C. 门下省　　D. 中书省

十七

菊花

［唐］元　稹

秋丛[1]绕舍似陶家[2]，
遍绕篱边日渐斜。
不是花中偏爱菊，
此花开尽[3]更无花。

注释

①秋丛：指丛丛秋菊。②陶家：指陶渊明的家。③尽：完毕。

译文

丛丛秋菊围绕房舍好似陶潜的家，围绕篱笆赏菊不知不觉天色已晚。并非我在百花之中特别钟爱菊花，只是秋菊谢后再也看不到鲜花了。

赏析

这是一首咏物诗。诗人通过观赏在一年中开放最晚的菊花，表达出自己特别喜爱菊花的原因，并不在于它无意与百花争春的谦让与淡泊，而在于它凋谢后再无鲜花，显示出菊花在萧瑟深秋中独斗风霜的风姿。平淡朴实的辞藻也为菊花的风骨增添了清新隐逸、高风亮节之德。

“秋丛绕舍似陶家”的“绕”字写屋外所种菊花之多，给人以环境幽雅之感。中国传统文化中有很多植物意象，如梅、竹、菊等，它们常与文化名人绑定在一起，并被赋予特定的文化内涵。例如，竹对应东晋王子猷(yóu)，梅对应宋代诗人林逋（bū），从“采菊东南下，悠然见南山”之句流传于世开始，菊花就成了陶渊明专属的文化符号，唐人已将菊花称为“陶菊”或“陶家菊”。诗人将种菊的地方比作“陶家”，可见秋菊花开之盛。“遍绕篱边日渐斜”表现了诗人专注地欣赏菊花之貌的情形。“绕”是走曲折的路，诗人被菊花深深地吸引了，在菊花从中驻足、徘徊，直至太阳西沉，表现了诗人赏菊时那种悠闲的情态。“日渐斜”映衬的色调与“秋丛”的色调温暖和谐，色调统一，字里行间充满了喜悦的心情。

后两句直抒胸臆，点明诗人“爱菊”的真正原因。先是笔锋一转，以否定的句式引起读者的注意，指出自己并非没来由地钟情菊花，然后引出“此花开尽更无花”的答案显得更加真实。时至深秋，百花尽谢，唯有菊花能经风霜而不凋，这与热爱生活、热爱自然、充满感情的诗人多么契合啊！这样的回答既赞美了菊花高洁的操守、坚强的品格，又以此来表达诗人对人生境界的追求。

拓展

元稹是北魏宗室鲜卑拓跋部后裔，他既重友情也重感情，友情方面，他与白居易同科及第，后来两人都先后遭贬，于是，他们经常联络，互相鼓励和慰藉，结为终生诗友。感情方面，元稹的初恋是崔莺莺，并作《莺莺传》，讲述贫寒书生张生对没落贵族女子崔莺莺的爱情悲剧故事。元稹的原配夫人是韦丛，两人感情甚好，但七年后，妻子韦丛病逝，元稹作《________》，给世人留下“曾经沧海难为水，除却巫山不是云”的千古佳句。

A. 愁思　　B. 秋思

C. 幽居　　D. 离思

十八

行军九日思长安故园

［唐］岑　参

强①欲登高②去，
无人送酒③来。
遥怜④故园菊，
应傍⑤战场开。

注释

①强（qiǎng）：硬要，迫使，尽力。②登高：重阳节有登高赏菊饮酒以避灾祸的风俗。③无人送酒：借陶渊明的典故，据《陶渊明传》记载，陶渊明有一次过重阳节，没有酒喝，在菊花丛中独自闷坐，这时正好江州刺史王弘送酒来了，于是醉饮而归。④怜：可怜。⑤应傍：应该靠近、接近。

译文

重阳佳节很勉强地去登高，没有人能给我送酒来了。

遥望故乡怜惜那里的菊花，大概会开在残垣断壁下。

赏析

首句一个"强"字就表现出诗人在战乱中的凄清景况，"登高"二字紧扣题目中的"九日"，点明了时间和题意。"登高去"表现出强烈的无可奈何的情绪。完全不是"驱车登古原"的心情，透着一些凄凉之意，流露出浓郁的思乡情绪。

第二句“无人送酒来”借用了陶渊明的一个典故，扣住诗题中的“行军”二字。当时陶渊明也是一个人过重阳节，起初没有酒喝，正在路边的菊花丛里驻足，这时有人给陶渊明送酒来，于是饮酒助兴，共度佳节。如今却没人能给诗人送酒，从侧面反映时过境迁，今非昔比。如今安禄山起兵叛乱，长安沦陷，尚未收复（这首诗的原注说：“时未收长安”），大唐百姓民不聊生，哪里还是盛世太平？

后两句联想到长安家园的场景，诗人对饱经战争忧患的人民大众寄寓同情。一个“遥”字渲染自己和故园长安相隔之远，烘托诗人深切的思乡之情。一个“怜”字强烈表达诗人对故乡菊花的深深眷恋，更写出诗人对“故园菊”开在战场上的长长叹息，百般怜惜。原本故乡的菊花正是争奇斗艳、百般芳菲的时候，现在只能在想象中了。长安城内，那些金黄的菊花残败地开在残垣断壁下，它们或目睹了战场厮杀的伤哀，它们或逃不过刀枪剑戟的疯狂屠戮。

拓展

岑参的诗既有田园诗人的悠然豁达，也有边塞诗人的昂扬奋发。他行千里路，写万卷诗，脚步不止，笔耕不辍，为了心中的抱负理想，诗人一生曾________出塞，半生飘零在外。公元757年，诗人从遥远的北庭追随唐肃宗至凤翔，看到动乱之后的大唐，群雄割据，山河失色，满目疮痍。九月九日，长安城外“强欲登高去”的岑参，遥望故乡，不禁泪满衣襟。

A. 两度　　　　B. 三度

C. 四度　　　　D. 五度

十九

鲁山山行

[北宋] 梅尧臣

适①与野情惬②，千山高复低。
好峰随处改③，幽径④独行迷。
霜落熊升树⑤，林空鹿饮溪⑥。
人家在何许⑦，云外⑧一声鸡。

注释

①适：恰好。②野情惬（qiè）：山野之情心满意足。③随处改：山峰随观看的角度而变化。④幽径：很僻静的路，清幽的小路。⑤熊升树：一说为熊爬上树；一说为天空中大熊星座升上树梢。⑥鹿饮溪：鹿在饮溪水。⑦何许：何处，哪里。⑧云外：形容很远。

译文

鲁山重峦叠嶂错落有致，恰好迎合我的山野之情。
山峰在眼前不断地变换，独自在小路上沉迷游览。
霜雪消融看见熊在爬树，山林空荡看见鹿在饮水。
不知山里人家住在哪里，鸡鸣声音从很远处传来。

赏析

诗中绵延的鲁山重峦叠嶂，千峰景色竞秀，高低错落有致，一片清新自然，体现诗人喜爱山野自然的高雅之情。

首联写山行之意，表露出诗人有喜爱山野的情趣。前两句的顺序是倒置的，先有“千山高复低”的重峦叠嶂，群山缭绕，山路崎岖，再有“适与野情惬”，诗人在山中行走兴致勃勃，说明正与自己爱好山野风光的情趣契合。

颔联是山行之趣。山势变化，曲径通幽，沉迷野趣。正因为“好峰随处改”，诗人行到一处，便发现一处不同的景致，路上行走，沉醉于游览的野趣，竟忘记走到什么地方了。“幽径”是一条清幽的小路，用一个“迷”字，进一步展示了“千山高复低”的图景。

颈联是山行所见。此时是深秋时节，霜降临空，山林空荡，诗人不但看见山中独有的景色，还能见到“熊升树”“鹿饮溪”这样的画面，一幅原生态的野景便映入眼帘。可见山中其实并不真的空寂，这里的人、动物、植物与自然和谐地存在于秋日的山景图中，怡然自得。

尾联巧妙地运用了设问手法，写山行所想。“人家在何许，云外一声鸡”与“空山不见人，但闻人语响”的意境相同。鸡是家禽，本不应该出现在有熊出没的地方，说明在这“幽径”深处“云外”远处还有人家，为整个诗境带来了人气，带来了生机，使山野变得静谧而不是死寂，进一步表达出诗人超脱、淡泊、闲适、恬静的心态。

拓展

梅尧臣出身农家，他酷爱读书，少时便能诗，但乡试未中，只好跟随叔父推恩荫补。当时文坛上流行华丽工整的骈文，梅尧臣不满于骈文的拘谨，认为只是效法先秦两汉的古人手段，他力图打破当时陈腐的文风，与________发动一场声势浩大的诗文革新运动，对北宋诗坛起到巨大影响作用。

A. 欧阳修　　B. 秦观

C. 刘克庄　　D. 曾几

霜降

山　行

［唐］杜　牧

远上寒山石径①斜，
白云生②处有人家。
停车坐③爱枫林晚④，
霜叶⑤红于⑥二月花。

注释

①石径：石子铺成的小路。②生：产生，出生。一作“深”。③坐：因为，由于。④枫林晚：傍晚时的枫树林。⑤霜叶：指经霜变红的枫叶。⑥红于：比……更红。

译文

石头小路蜿蜒曲折地延伸向远山，白云升腾的地方居住几户人家。因为喜爱傍晚枫林景色而停下车，经霜的枫叶比二月的花更红艳。

赏析

这首诗淡雅地展现出一幅色彩绚烂、风格明丽的山林秋色图。诗人以情驭景，敏捷准确地捕捉到自然美，并把自己的情感融入其中，使情感美与自然美水乳交融，和谐统一，互为一体。

“远上寒山石径斜”首句便布局精巧，富有新意，写一条石头小路蜿蜒曲折地伸向远山。“寒”字点明深秋季节，也为下文的“晚”字和“霜”字埋下伏笔。“远”字则写出山路的悠长，“斜”字又照应句首的

“远”字，显得小路弯弯曲曲，蜿蜒而上。“白云生处有人家”是一处远景。“生出”也作“深处”，“深”可以理解为在云雾缭绕的深处，“生”可以理解为在形成白云的地方，都说明诗人看到远处白云从山岭中升起，回旋缭绕，既可见山之高，也可见山之幽。首句中是“石径”，说明山里有路，还是行人常走的路，与此处“有人家”相互呼应。“有人家”为全诗平添了一份生机，读者仿佛看到远处炊烟袅袅，闻见鸡鸣犬吠，令整个画面充满生气。

“停车坐爱枫林晚”说明枫林晚景触发诗人欣喜之情，这傍晚枫林的美景，宛若一幅色彩热烈、艳丽的山林秋色图。诗人情不自禁，顾不得时间已晚，也要停下来领略这山林的大好风光。

第四句说明喜爱枫林的原因。深秋经霜变红的枫叶，层林尽染，犹如彩霞，更显出秋色的迷人之态。诗人笔下的秋日并不会给人带来伤感，反而“霜叶”要比江南二月的春花还要火红，使秋天更富有生机。“寒山”“石径”“白云”“人家”“枫林”五种景物构成一幅和谐统一的画面，也体现出诗人具有昂扬向上的精神。

拓展

在语言的三个要素中，语音是最容易受到影响而改变的，其次是词汇，语法则相对稳定。朝代更替、人口迁徙、战争入侵等都会影响汉语语音的发展，中国历史上北方人口活动频繁，而南方则相对稳定。现存的________是中原古汉语的“活化石”，保留中原地区许多古汉语词语的发音特征。

A. 吴越语　　B. 客家语

C. 闽南语　　D. 中原官话

廿一

雁门太守行

［唐］李　贺

黑云①压城城欲摧，甲光②向日③金鳞开④。
角声⑤满天秋色里，塞上⑥燕脂⑦凝夜紫⑧。
半卷红旗临易水⑨，霜重鼓寒⑩声不起⑪。
报⑫君黄金台⑬上意，提携玉龙⑭为君死。

注释

①黑云：形容战争形势。②甲光：铠甲的光芒。③向日：一作“向月”。④金鳞开：像金色鱼鳞一样闪闪发光。⑤角声：军中号角声音。⑥塞上：一作“塞土”。⑦燕脂：即胭脂，指塞上泥土犹如胭脂凝成。⑧凝夜紫：在暮色中呈现暗紫色。⑨易水：河名，在今河北省境内。⑩霜重鼓寒：天寒霜重战鼓凝冻。⑪声不起：声音低沉。⑫报：报答。⑬黄金台：在今河北省保定市定兴县高里乡，亦称招贤台，战国时期燕昭王所筑。⑭玉龙：指宝剑。

译文

敌兵向黑云一样兵临城下，战士们的铠甲在阳光照射下闪烁金光。
秋色里号角声音响彻天空，边塞将士脸上泥土和血凝结成暗紫色。
军队红旗半卷着赶赴易水，天气寒冷，霜气凝重，战鼓声音低沉。
为了报答国君诚意和厚爱，手里挥舞着宝剑，甘愿为国血战到死。

赏析

首联渲染敌军兵临城下的紧张气氛和危急形势，表现了战争形势的紧迫。诗人运用比喻，夸张手法，把敌军比作“黑云”，既写出敌军人马众多、来势凶猛，又突出敌人的猖獗、嚣张，显示军情十分紧急。“城欲摧”表现了兵临城下的形势，忽然之间，风云变幻，一缕日光从云缝里透射下来，映照在守城将士的铠甲上，只见金光闪闪，耀人眼目，军队的装备、气势、风貌都淋漓尽致地表现出来。

颔联分别从听觉和视觉两方面书写惨烈的战地气氛。时值深秋，万木摇落，角声呜咽，十分悲凉。“塞上燕脂凝夜紫”则从色彩层面来烘托。此时战场上鲜血遍染，在暮霭凝聚下呈现出暗紫色，为这幅边塞的画面抹上了一层悲壮的色彩。

颈联描写一场惊心动魄的大规模战斗正在进行。“半卷红旗临易水”使人联想起“风萧萧兮易水寒，壮士一去兮不复还!”喻示将士们无所畏惧勇往直前，体现出将士不畏困难、时刻准备慷慨赴死的顽强意志。

尾联赞颂了边关将士的战斗意志和誓死为国的壮志豪情。诗人引用战国时燕昭王在易水修筑黄金台的故事，面对重重困难，将士们毫不气馁，抒发全体将士报效朝廷的决心。

值得注意的是，这首诗几乎句句都有色彩，如金色、紫色、红色，非但鲜明，而且浓艳，这几种艳色和黑色、秋色交织在一起，构成一幅色彩斑斓的画面。

拓展

诗中“雁门”“临易水”“塞上”“黄金台”都表明交战的地点，这场战争可能是写朝廷与________的战争。

A. 匈奴之间　　B. 吐蕃之间

C. 黄巢之间　　D. 藩镇之间

廿二

山　中

［唐］王　维

荆溪[①]白石出，

天寒红叶[②]稀。

山路元[③]无雨，

空翠[④]湿人衣。

注释

①荆溪：本名长水，又称浐水、荆谷水。②红叶：枫树、黄栌、丹枫、火炬、红叶李等树的叶子统称红叶。③元：原，本来。④空翠：指青色的潮湿的雾气。

译文

白石显露在潺潺流过的荆溪，天气寒冷红叶已经稀稀疏疏。

山间小路上本来并没有下雨，衣裳大概被潮湿的雾气沾湿。

赏析

这是一幅由小溪、白石、红叶、山间小路和浓浓的雾气所组成的山中秋末冬初景色图，色彩斑斓，鲜明生动，富有诗情画意。

首句言地点，大概是荆溪穿行在山中上游的一段。山谷之中是静谧的，此时天寒水浅，溪水分外清澈，山溪变成涓涓细流，露出粼粼白石。山谷之中格外静谧，诗人沿着一条曲折迂回的山路行走，可以听到溪水在大石块的阻挡下发出的潺潺声音。红叶本是秋天的特点，现在已经凋落得稀稀疏疏了，这里那里点缀着几片红叶，反倒更为显眼，不给人以萧瑟凋零之感，而是引起对美好事物的珍重和留恋。

前两句是山中景色一两个局部的特写，后两句则展示出它的全貌。尽管天寒，但整个秦岭山中，仍是苍松翠柏，郁郁葱葱，山路就穿行在无边的浓翠之中。陶渊明的《归园田居》写“道狭草木长，夕露沾我衣。”“沾衣”是实写，王维《山中》的“湿人衣”既是实写，又是虚写，展示了云封雾锁的深山有另一种美妙境界，是只有行进在山中才能产生的幻觉和错觉，抒写了浓翠的山色给人的诗意感受。

正如王维说山水诗要体现“诗中有画，画中有诗”的境界。无论是“荆溪白石出，天寒红叶稀”，还是“空山新雨后，天气晚来秋”；无论是“人闲桂花落，夜静春山空”，还是“大漠孤烟直，长河落日圆”，无不体现出王维参禅悟理、诗画结合的写作特点。

拓展

这首小诗是王维在山行时有感而作，描绘秦岭山中景色，“荆溪”本名长水，又称浐水、荆谷水，源出陕西秦岭山中，北流至长安东北入灞水。这里写的大概是穿行在今________山中的一段。全诗意境空蒙，如梦如幻，诗风清新明快，写法从一般见特殊，达到新颖独特的艺术效果。

A. 周至县　　B. 蓝田县

C. 洛川县　　D. 扶风县

廿三

江　上

［北宋］王安石

江北[①]秋阴一半开，

晚云含雨却低徊[②]。

青山缭绕[③]疑无路，

忽见千帆隐映[④]来。

注释

①江北：长江以北。②低徊：缓慢移动的样子。③缭绕：回环旋转。④隐映：隐隐地显现出。

译文

大江北面，天空中乌云被秋风撕开一半，暮云低垂，雨意浓重缓慢徘徊。远处青山阻挡住江水的去路，怀疑无路，忽然看到无数船帆隐隐驶过来。

赏析

大江大河之景是古代诗人钟情之境，精妙之作林林总总。王安石晚年辞官闲居于江宁府，写了不少精致淡雅的山水绝句。此诗就是他泛舟江上所见的景物以及因此获得精神启悟而作。

首句先点明时间、地点。秋天的天气变幻无常，江上雨过天还未晴，阴云半开，景色暗淡，淡雅幽远。结合“晚云含雨却低徊”一句，各种远景构成一幅秋江暮云图。“低徊”本来指人在沉思或若有所思时的往复徘徊，这里却用来表现含雨的暮云低垂而缓慢移动的样子，给“晚云”增添了缓缓移动的“脚”，形象贴切，颇有情趣。“秋阴”密布，“晚云”低沉，表示此时的光线半明半暗，神光离合。

三、四两句从低云转到远处的青山。重重叠叠的青山仿佛回环旋转，正是山势曲折缠绕、江流迂回婉转的样子。毕竟在这样的光线下，诗人视野被阻断，前程一片渺茫，心头不禁涌起一阵困惑，路究竟在何方？“忽见千帆隐映来”是全诗点睛之笔，诗人告诉人们，所有艰难险阻都是通向人生驿站的铺路石。诗人特意用“千帆”不用“独帆”，展示出千帆竞渡的场面非同一般，气势如激流澎湃，如霹雳弦惊。只要人们正视现实，面对重重艰难险阻，不退缩，不畏惧，在冷静的等待中积极进取，前方将是一个充满光明与希望的崭新境界。

诗人在字里行间巧妙地暗含山重水复之际，往往也是柳暗花明之时，表达困难与黑暗中往往蕴含着希望和光明的道理。

拓展

王安石是北宋著名政治家、思想家、文学家、改革家，唐宋八大家之一。王安石哲学思想丰富，其所倡导的“荆公新学”是北宋道学思想中非常重要的一个学派，“新学”一般指王安石主持编订的________，集中体现了王安石“以经术造士”的思想。他的许多哲学思想都是其变法思想的指导来源，也标志着汉唐经学的真正结束和宋学的全面展开。

A.《三经新义》　　B.《皇极经世》

C.《经学理窟》　　D.《识仁篇》

廿四

渔家傲·秋思

[北宋] 范仲淹

塞下[①]秋来风景异，衡阳雁去[②]无留意。四面边声[③]连角起。千嶂[④]里，长烟落日孤城闭。

浊酒一杯家万里，燕然[⑤]未勒[⑥]归无计。羌管[⑦]悠悠[⑧]霜满地。人不寐[⑨]，将军白发征夫[⑩]泪。

注释

①塞下：指西北边境。范仲淹时任陕西经略副使兼延州知州。②衡阳雁去：即“雁去衡阳”，传说秋天北雁南飞，至湖南衡阳回雁峰而止，不再南飞。③边声：边塞特有的声音，如马嘶、风号等声音。④千嶂（zhàng）：形容山峦众多。⑤燕然：即今蒙古国境内之杭爱山。⑥未勒（lè）：指战事未平，功名未立。勒：雕刻。⑦羌（qiāng）管：即羌笛，古代西部羌族的一种乐器。⑧悠悠：形容飘动的样子。⑨寐（mèi）：睡。⑩征夫：出征的士兵。

译文

边境的秋天一来风景大不相同，大雁飞向衡阳毫无留恋之意。号角催吹下，四面八方传来边地的声响。层峦叠嶂里，长烟直上，落日斜照，孤城紧闭。

饮一杯浊酒，思念万里之外的家乡，可战事未平，归乡之计无从谈起。寒霜满地听到羌笛的悠悠之声。思乡忧国，将军白发，战士垂泪，将士们无法入睡。

赏析

上阕写景，描绘边塞的荒凉和苦寒，烘托出浓厚的悲凉气氛。“塞下”点明了延州所在的区域，唐宋时辖境相当于今陕西延安市的安塞区、延长县、延川县、志丹县等地。公元1040年八月，范仲淹到任后，整顿军备，修筑城池，加强御敌。“衡阳雁去无留意”是说这里的雁到了秋季即向南迁徙，毫无留恋之意，反衬了“塞下”寒风萧瑟，满目荒凉。“边声连角起”写出军中号角催吹，周围的边声也随之而起，让读者仿佛置身于边关城楼之上，四周充满肃杀之气。“长烟落日孤城闭”的词句，使人联想到王维“大漠孤烟直，长河落日圆”的奇特壮美景象。“千嶂”“长烟”“落日”“孤城”共同展现出一幅战地风光。

下阕抒情，表达诗人壮志难酬之意和思乡忧国之情。“一杯”与“万里”之间形成了悬殊对比，上阕中“孤城闭”可隐约感知战事紧张，“燕然勒功”是东汉名将窦宪追击北匈奴，出塞三千余里，至燕然山刻石记功之事，此处指建立或成就功勋。如今“燕然未勒”，是战事未平，尚无功勋，自然还乡之计是无从谈起的。“羌管悠悠霜满地”写夜景，在时间上是“长烟落日”的延续。“满”字将大地尽染秋霜，给人以凄清、悲凉之感。此情此景，将士无法入睡，难免在悠悠的“羌管”声中思念家乡，想念亲人。用“将军”的“白发”和“征夫”的“泪”，刻画出边关将士的报国情怀和思乡之情。

拓展

唐代诗人王勃在《滕王阁序》中有“雁阵惊寒，声断衡阳之浦”之句。杜甫也曾居衡阳，曾有“万里衡阳雁，今年又北归”的诗句。回雁峰为________七十二峰之首，传说北雁南来，至此过冬，待来年春暖而归。

A. 黄山　　B. 大庾岭

C. 衡山　　D. 罗浮山

廿五

夜书所见

[南宋] 叶绍翁

萧萧①梧叶送寒声，
江上秋风动客情②。
知③有儿童挑④促织⑤，
夜深篱落⑥一灯明。

注释

①萧萧：形容风吹树木发出的声响。②客情：旅客思乡之情。③知：晓得，明了。④挑（tiǎo）：用条状物或有尖的东西拨开或弄出来。⑤促织：蟋蟀、蛐蛐的别名。⑥篱落：篱笆。

译文

梧桐叶萧萧作响送来阵阵寒意，江上的秋风引起游子思乡之情。

深夜看到远处篱笆有一盏灯火，料想是孩子们在那里拨弄蟋蟀。

赏析

这首诗是诗人客居异乡、夜静感秋之作。但诗人不写如何独居驿站，思念家乡，而侧重于白描夜间小景，通过江上秋风，梧叶萧萧，草木凋零，夜捉蟋蟀，巧妙地反衬心情，更显客居他乡的孤寂无奈。

前两句写景，借落叶飘飞，秋风瑟瑟，寒气袭人烘托游子漂泊流浪、孤单寂寞的凄凉之感。起句就唤起读者听觉感知，“梧叶”发叶较晚，而秋天落叶早，叶大，风吹落叶声音较响，景象凄清，成为文人笔下孤独忧愁的典型意象。“送”字静中显动，将“寒声”“送”来，想象巧妙，令人惊艳，渲染出环境的凄清幽冷。“江上秋风”是继续承接首句，借景抒情，体味水动风凉的温度，“动”字一语双关，既有秋风袭来风吹水动之感，更有拨动在外游子心神凄清之意，于是诗人直抒胸臆，表达出自己内心深处的思乡感受。

后两句转而描写儿童夜捉蟋蟀的镜头，用他们高昂的兴致，巧妙地反衬诗人落寞的心情，更显客居他乡的孤寂无奈。“知有儿童挑促织，夜深篱落一灯明”是倒装句，按意思顺序应该前后互移。夜已深沉，诗人思绪纷繁难以入睡，转身步出户外，看到暗夜中“篱落”处的一盏灯光，有孩子此刻正在兴致勃勃地拨弄蟋蟀，玩得很开心。这种手法犹如电影中的蒙太奇，产生三种效果，其一，从专注嬉戏的“儿童”身上闪回到自己童年生活的片段，勾起诗人对童年生活的回忆；其二，已值深秋，最疼爱、最挂念的是自己的孩子，眼中所见实为心中所想，即写“所见”而不一定真有“所见”；其三，对于小孩来说，他们还不懂得什么是忧愁，这种无忧无虑、活泼天真的举动，与诗人的怅然情怀和愁绪萦绕形成鲜明对比。全诗词简意深，景象鲜明，耐人咀嚼。

拓展

在我国古代甲骨文、金文中________这个字正是蟋蟀的象形。晋人崔豹的《古今注》中有“谓其声如急织也”，形容蟋蟀鸣唱如织布机的声音时高时低，仿佛是在催促织女飞梭速织，故称之为“促织”。中国蟋蟀文化，历史悠久，源远流长，斗蟋蟀始于唐代，盛行于宋代，每年秋末流行于全国多数地区。

A. “斗”　　B. “胜”

C. “秋”　　D. “比”

廿六

丑奴儿·书博山[1]道中壁

［南宋］辛弃疾

少年不识愁滋味，爱上层楼[2]。爱上层楼，为赋新词[3]强[4]说愁。

而今识尽[5]愁滋味，欲说还休[6]。欲说还休，却道天凉好个秋。

注释

①博山：在今江西省上饶市广丰区内。②层楼：高楼。③为赋新词：为了写出新词。④强（qiǎng）：竭力，极力。⑤识尽：尝够，深深懂得。⑥休：停止。

译文

在年少时不知道忧愁的滋味，我喜欢登上高楼。

喜欢在高楼找愁，为写首新词无愁而竭力说愁。

如今深深懂得了忧愁的滋味，想说却说不出了。

想说愁而又不说，却说天气凉爽好一个秋天啊！

赏析

由于辛弃疾的抗金主张与当政的主和派政见不合，屡遭弹劾。他退隐江西期间，常到博山一带游览，眼看山河岌岌可危，风雨飘摇，自己却无能为力，一腔愁绪无法排遣，遂在博山道中一壁上题写了这首词。词人看淡世事沧桑，内心安然无恙，词中浓愁淡写，重语轻说，寓激情于婉约之中，耐人寻味。

上阕表达词人年少不谙世事，无愁找愁。首句“少年不识愁滋味”，写出少年时风华正茂，乐观自信，不知“愁”为何物，“为赋新词强说愁”是词人在少年时期为了抒发一点所谓“愁情”，登楼远眺，无愁找愁。这两句话中使用一组叠句，两个“爱上层楼”既是因果关系，也是递进关系，将少年时期“不识愁”的这一思想表达得十分完整。

下阕写年长后随着阅历增加，欲说还休，今昔对比，含蓄而又分明。“而今识尽愁滋味”的“识尽”是极有力的概括，它包含着词人许多复杂的感受。词人如今涉世已深又饱经忧患，不仅报国无门，而且被弹劾闲居，对“愁”字有了真切的体验。“欲说还休”这两句话中也使用一组叠句，在结构上与上阕呼应，在含义上又引出下句，用法颇为巧妙。“却道天凉好个秋”充分表达了词人“愁”得深沉，“愁”得博大。其实“却道”也是一种“强说”，故意说得轻松洒脱，词人胸中燃烧着炎炎的烈火，表面上却必须装扮成一个淡泊冷静、不关心时局的人，将烈士暮年之感恰好写为长短句，词人心中的愁闷痛楚历历可见。

拓展

辛弃疾，武能骁勇善战，文能妙笔生花，陆游曾说：“汝果欲学诗，工夫在诗外”，辛弃疾无疑是最典型的榜样。公元1207年，金军势如破竹，宋宁宗终于启用辛弃疾，马上召他回朝出兵。但辛弃疾此时已病重在床，临终之际，还在喊着：“杀贼！杀贼！”。公元1208年，南宋订立屈辱的________。陆游听到这些不幸的消息，悲痛万分，忧愤成疾，公元1210年初，陆游与世长辞，临终之际，陆游留下绝笔《示儿》。

A. 隆兴和议　　B. 绍兴和议

C. 咸宁和议　　D. 嘉定和议

廿七

寒　菊

［南宋］郑思肖

花开不并①百花丛，
独立疏篱②趣未穷③。
宁可枝头抱香死④，
何曾⑤吹落北风中！

注释

①不并：不合、不靠在一起。②疏篱：稀疏的篱笆。③未穷：无穷无尽。④抱香死：菊花凋谢后不落，枯萎后仍系在枝头。⑤何曾：哪曾，不曾。

译文

菊花从不与百花开在一起，挺立在稀疏的篱笆旁趣味无穷。

宁可在枝头怀抱清香死去，也绝不会吹落于凛冽的北风中！

赏析

菊花因陶渊明一句“采菊东篱下，悠然见南山”而被后人奉为花神。这首自题《寒菊》的题画诗，又名《画菊》，与一般赞颂菊花不俗不艳不媚不屈的诗歌不同，诗人托物言志，深深隐含了他的人生遭际和理想追求。诗中句句紧扣寒菊的自然物性来写，这些自然物性又处处关合，集中表现了郑思肖的思想品格。

首句描写花开时节，已经是瑟瑟秋风起的时候了，百花凋谢，唯有菊花挺立在凌厉的风霜之中，不与百花争妍斗艳。第二句稀疏的篱笆更显得环境之萧瑟清冷，即使如此，宛如不随俗、不媚世的高士。这里的“趣”，既指菊花的傲风、傲骨、独自绽放的自然之趣，也是诗人融入菊花形象中的高洁坚贞之意。

后两句承接前两句的画理，用隐喻的方法表达诗人高洁之志和高尚情操。“宁可枝头抱香死”化用南宋朱淑真《黄花》中“宁可抱香枝上老，不随黄叶舞秋风”一句，“抱香死”显得更加痛切悲壮、语气磅礴、义无反顾，也喻指自己“宁为玉碎，不为瓦全”的凛然正气和高尚贞洁的民族情操。“何曾吹落北风中”语气坚决，显示决不会被北风吹落于泥土的高洁之志。这两句进一步描绘了傲骨凌霜，孤傲绝俗的菊花，表示自己坚守高尚节操，忠于故国的誓言。

郑思肖的诗多以怀念故国为主题，南宋灭亡后，自称“孤臣”，表现忠于赵宋王朝的坚贞气节。这首诗倾注了他的血泪和生命，其坚守节操、心忧天下之精神难能可贵，读之不禁令人泪下！

拓展

郑思肖是南宋著名诗人、画家，少时秉承父学，明忠孝廉义。其一生孤愤忠君，特立独行，把仅有的一点家产捐给寺院，并接济穷困的乡邻。自35岁便离家出走，从此浪迹于吴中名山、道观、禅院，40年间写下大量抒发爱国情操的诗文，著有《心史》一书。《寒菊》“宁可枝头抱香死，何曾吹落北风中！”集中表现了郑思肖反抗________的思想品格和胸襟。

A. 金朝统治　　B. 北宋统治

C. 蒙古统治　　D. 南宋统治

廿八

潼关

［清］谭嗣同

终古[1]高云簇[2]此城，
秋风吹散马蹄声。
河流[3]大野[4]犹嫌束[5]，
山入潼关不解平[6]。

注释

①终古：久远，自古以来。②簇（cù）：丛聚。③河流：指黄河。④大野：广大的原野、田野。⑤束：拘束。⑥不解平：不懂，不理解什么是平坦。

译文

自古至今高高的云团簇拥着这座城，秋风阵阵吹散了清脆的马蹄声。黄河流入广阔的原野仍然感到拘束，山脉进入潼关后不知何谓平坦。

赏析

此诗是诗人在公元1882年从浏阳前往其父亲任职地甘肃兰州途经潼关时所作。潼关一带山河的雄伟壮阔，令其为之所叹，此后在公元1884年，谭嗣同又游历今河北、甘肃、新疆、陕西、河南、湖北、江西、江苏、安徽、浙江、山东、山西等地，观察风土，结交名士，对其气势雄浑、风格豪迈、境界恢宏的诗风起到了巨大影响。

首句写遥望潼关一带的恢宏景象。潼关在今陕西省潼关县北，北临黄河，南踞山脉，地理位置十分险要，为汉末以来东入中原和西进关中、西域的必经之地及关防要隘，故诗人言“终古”。“簇此城”也说明潼关历来为兵家必争之地。次句明确诗人旅程时间。“秋风吹散马蹄声”犹如纳兰性德《浣溪沙》中的“北风吹断马嘶声”。经此地时，马蹄声都能被秋风吹散，凸显地势高，风势大，透露出萧瑟秋风的凄凉之景。

三、四句写黄河浩浩荡荡以及潼关境域内的山峦起伏。“河流大野犹嫌束”是说黄河在广阔的原野上奔流，仍感觉受到约束，表现黄河之水滚滚奔腾的宏大气势，也映衬诗人心中期望能在壮阔的天地间策马驰骋的人生理想。“山入潼关不解平”是说潼关以西，山连着山，山峦起伏，不知什么叫平坦，表现祖国大好河山雄伟的气势，也寄托了诗人远大的政治理想和抱负。“嫌”和“解”两个字，运用拟人的修辞手法，将“河”“山”之景融入新奇的姿态，反映诗人追求冲破约束的奔放情怀，比拟更高山峰的心理状态。

全诗豪迈奔放，情景结合，奋发昂扬，豪情奔放。

拓展

“一夫当关，万夫莫开”，“关”是人们为了守卫一方平安，在险要地势和交通要道上的防御设施。自古以来，中华大地上的各“关”有极其重要的战略地位，在历史上都留下了浓墨重彩的一笔。据《山海关志》记载：“畿内之险，惟________与山海关为首称。”

A. 嘉峪关　　B. 潼关

C. 雁门关　　D. 武胜关

廿九

题秋江独钓图

［清］王士祯

一蓑[1]一笠[2]一扁舟[3]，
一丈丝纶[4]一寸钩。
一曲高歌一樽[5]酒，
一人独钓一江秋。

注释

①蓑：用草或棕编成的雨衣。②笠：用竹篾或棕皮编制的遮阳挡雨的帽子。③扁（piān）舟：小船。④丝纶：粗于丝者为纶，即钓丝。⑤樽（zūn）：古代盛酒的器具。

译文

渔人头戴斗笠身披蓑衣坐在小船上，用鱼线和鱼钩钓鱼。

他在秋天的江上一边唱歌一边饮酒，独自垂钓逍遥赏秋。

赏析

这是王士祯应朋友邀请，为一幅古代名画《秋江独钓图》所作的题画诗。这首诗仿照画中的意境，描写秋江边渔人独钓的逍遥意境。用一件蓑衣、一顶斗笠、一叶轻舟、一支钓竿，垂钓者一面歌唱，一面饮酒，把垂钓的潇洒乐趣刻画得活灵活现。

首先，全诗手法特殊，偏重于艺术技巧和对意境的追求。诗中寥寥几句就把整个画面描写完毕。“一蓑”“一笠”是钓鱼人的外在形象，“扁舟”是钓鱼的具体位置，“丝纶”和“钩”是钓鱼人所持之物，图中看似不可能的饮酒动作和唱歌的声音，却在诗人的想象中展现出来。“一曲高歌一樽酒”让赏画之人仿佛听到钓鱼人正在放声歌唱，似乎能感受到画中人的惬意、舒适。

其次，景物的描写十分到位。短短二十八个字，把“蓑”“笠”“舟”“丝纶”“钩”“酒”“秋”七种画中景物全面而细致地描写出来，甚至大小和长度都一一展现，各种景物扑面而来，而且并未造成顾此失彼，将赏画人的目光一直锁定在渔人身上，反衬渔人形象的真实性。

最后，诗人运用复叠，将九个“一”字巧妙地嵌入其中。一首诗中连续出现九个“一”字实属罕见，而诗中的“一”字却和谐统一，使得整个画面相映成趣，结构更加紧凑，意境更加开阔。清朝嘉庆年间诗人陈沆也有一首《一字诗》：“一帆一桨一渔舟，一个渔翁一钓钩。一俯一仰一场笑，一江明月一江秋。”

最后一句也很有深意，渔人钓的是鱼还是秋？是潇洒自在的生活还是无法言说的心情？在诗人看来，这样的秋江独钓者才是真正懂得生活乐趣的人。

拓展

王士祯，原名王士禛，是清代著名诗人、诗词理论家，他对明清小说、戏曲、民歌等通俗文学给予重要的点评。王士祯曾赠诗给友人________“姑妄言之妄听之，豆棚瓜架雨如丝。料应厌作人间语，爱听秋坟鬼唱诗”，从艺术精神上给其著作赏析点评。

A. 许仲琳　　B. 刘锷

C. 吴敬梓　　D. 蒲松龄

三十

浣溪沙·身向云山那畔行

［清］纳兰性德

身向云山那畔[①]行，北风吹断马嘶声。深秋远塞若为[②]情。

一抹晚烟荒戍垒[③]，半竿斜日旧关城。古今幽恨[④]几时平。

注释

①那畔（pàn）：那边。②若为（wéi）：怎为，怎样，怎样的。③戍（shù）垒：戍堡，营垒。④幽恨：深藏于心中的怨恨。

译文

一路向北往塞外前行，北风吹断马的嘶鸣声。

深秋时节远行到边塞，是怎样心绪纷乱之情。

废弃营垒中荒烟飘荡，旧时关隘上夕阳残照。

想起古往今来的怨恨，真令人心潮起伏不平。

赏析

纳兰性德原名纳兰成德，中进士后被康熙留在身边，因康熙赏识其才，不久便晋升为一等侍卫，多次随康熙出巡。这首词描绘了深秋远塞、荒烟夕照的凄凉之景，景中含有雄浑苍凉的历史之感，抒发了词人奉旨出塞的复杂心情。

上阕起句“身向云山那畔行”，很像《长相思》中的“身向榆关那畔行”。《长相思》是公元1682年春，纳兰性德随康熙皇帝出山海关东巡，祭告奉天祖陵时所作，《浣溪沙》是同年秋奉旨出使觇（chān）梭龙所作。“北风”言明时节为秋末，北疆秋末的“北风”是何等凛冽，何等强劲，足以将马的嘶鸣声“吹断”，用词精准，词人这种描写狂风的手法非常高妙。北疆场景难免使人顿生悲凉凄冷、心绪纷乱之感，发出“深秋远塞若为情”的感慨。纳兰生性严谨，做事细心，此行冒风顶雪，披星戴月，不远万里，考察得到的翔实资料坚定了康熙亲征噶尔丹的决心。

下阕“一抹晚烟荒戍垒，半竿斜日旧关城”平仄有致，简洁形象，勾勒出一幅充满萧瑟之气的边地景象。“晚烟”看似有了人的气息，可是只有昔日的破旧营垒在那里，“斜日”为萧瑟的北疆增添了一线生机，可是这红日映照的却是旧时的关城。“一抹”与“半竿”突出生机之稀少，似有似无，似断似续，今时与昔日强烈对照，碰撞在一起，昭示了边塞的萧条之景。整首词中用“深、远、晚、荒、旧”一系列形容词，映衬北疆环境险恶，词人前途未卜，心中不由得涌起“古今幽恨几时平”。怀古之心，恋乡之情，忧虑之思，令纳兰性德心里纷纷扰扰难以平静。

拓展

纳兰性德与曹寅均为大内侍卫，从纳兰性德与曹寅的诗文交往中看，这种同事关系还非同一般。________皇帝读过《红楼梦》后说：“此盖为明珠家事作也。”认为纳兰性德父亲明珠即贾政，纳兰性德即宝玉。虽是一家之言，不符合《红楼梦》的创作时代和背景，但从中可见纳兰性德在当时的身世和地位。

A. 康熙　　B. 雍正

C. 乾隆　　D. 道光

桂枝香·金陵怀古

［宋］王安石

登临送目，正故国晚秋，天气初肃。
千里澄江似练，翠峰如簇。
归帆去棹残阳里，背西风、酒旗斜矗。
彩舟云淡，星河鹭起，画图难足。

念往昔、繁华竞逐，
叹门外楼头，悲恨相续。
千古凭高对此，谩嗟荣辱。
六朝旧事随流水，但寒烟衰草凝绿。
至今商女，时时犹唱，后庭遗曲。

雨霖铃·寒蝉凄切

［宋］柳　永

寒蝉凄切，对长亭晚，骤雨初歇。

都门帐饮无绪，留恋处，兰舟催发。

执手相看泪眼，竟无语凝噎。

念去去，千里烟波，暮霭沉沉楚天阔。

多情自古伤离别，更那堪，冷落清秋节！

今宵酒醒何处？杨柳岸，晓风残月。

此去经年，应是良辰好景虚设。

便纵有千种风情，更与何人说？

名句摘录

北方有佳人，绝世而独立。

——李延年《李延年歌》

落霞与孤鹜齐飞，秋水共长天一色。

——王勃《滕王阁序》

今人不见古时月，今月曾经照古人。

——李白《把酒问月》

瘦马恋秋草，征人思故乡。

——刘长卿《代边将有怀》

今夜月明人尽望，不知愁思落谁家。

——王建《十五夜望月寄杜郎中》

在天愿作比翼鸟，在地愿为连理枝。

——白居易《长恨歌》

天长地久有时尽，此恨绵绵无绝期。

——白居易《长恨歌》

衰兰送客咸阳道，天若有情天亦老。

——李贺《金铜仙人辞汉歌》

天下三分明月夜，二分无赖是扬州。

——徐凝《忆扬州》

名句摘录

秋阴不散霜飞晚，留得枯荷听雨声。

——李商隐《宿骆氏亭寄怀崔雍崔衮》

身无彩凤双飞翼，心有灵犀一点通。

——李商隐《无题·昨夜星辰昨夜风》

衣带渐宽终不悔，为伊消得人憔悴。

——柳永《蝶恋花·伫倚危楼风细细》

昨夜西风凋碧树，独上高楼，望尽天涯路。

——晏殊《蝶恋花·槛菊愁烟兰泣露》

年年陌上生秋草，日日楼中到夕阳。

——晏几道《鹧鸪天·醉拍春衫惜旧香》

一点浩然气，千里快哉风。

——苏轼《水调歌头·黄州快哉亭赠张偓佺》

世事一场大梦，人生几度秋凉？

——苏轼《西江月·世事一场大梦》

日日思君不见君，共饮长江水。

——李之仪《卜算子·我住长江头》

一声梧叶一声秋，一点芭蕉一点愁。

——徐再思《水仙子·夜雨》

殚竭心力终为子，可怜天下父母心！

——慈禧《祝母寿诗》

拓展答案

七月·孟秋		答案	八月·仲秋		答案	九月·季秋		答案
初一	秋词（其一）[唐]刘禹锡	A	初一	望洞庭湖赠张丞相[唐]孟浩然	A	初一	观沧海[东汉]曹操	A
初二	秋思[唐]张籍	A	初二	望洞庭[唐]刘禹锡	A	初二	梁甫行[东汉]曹植	C
初三	相见欢·无言独上西楼[五代]李煜	B	初三	马诗（其五）[唐]李贺	B	初三	暮江吟[唐]白居易	A
初四	虞美人·春花秋月何时了[五代]李煜	B	初四	泊秦淮[唐]杜牧	D	初四	饮酒（其五）[东晋]陶渊明	B
立秋	山居秋暝[唐]王维	D	白露	月夜忆舍弟[唐]杜甫	C	寒露	归园田居（其三）[东晋]陶渊明	A
初六	秋夕[唐]杜牧	A	初六	宿建德江[唐]孟浩然	B	初六	枫桥夜泊[唐]张继	D
七夕	乞巧[唐]林杰	C	初七	秋夜寄邱员外[唐]韦应物	A	初七	不第后赋菊[唐]黄巢	A
初八	七夕[唐]李商隐	B	初八	江楼感旧[唐]赵嘏	A	初八	蜀中九日[唐]王勃	A
初九	鹊桥仙·纤云弄巧[北宋]秦观	C	初九	嫦娥[唐]李商隐	C	重阳	九月九日忆山东兄弟[唐]王维	D
初十	蝉[唐]虞世南	D	初十	峨眉山月歌[唐]李白	D	初十	忆秦娥·箫声咽[唐]李白	D
十一	秋浦歌（其十四）[唐]李白	B	十一	过三闾庙[唐]戴叔伦	B	十一	醉花阴·薄雾浓云愁永昼[宋]李清照	A
十二	秋浦歌（其十五）[唐]李白	C	十二	中秋月（其二）[唐]李峤	B	十二	风[唐]李峤	C
十三	关山月[唐]李白	B	十三	月夜[唐]杜甫	B	十三	送兄[唐]佚名	C
十四	古朗月行（节选）[唐]李白	D	十四	望月怀远[唐]张九龄	D	十四	寄扬州韩绰判官[唐]杜牧	D
十五	与夏十二登岳阳楼[唐]李白	C	中秋	阳关曲·中秋月[北宋]苏轼	D	十五	静夜思[唐]李白	C
十六	一剪梅·红藕香残玉簟秋[宋]李清照	B	十六	水调歌头·明月几时有[北宋]苏轼	A	十六	宣州谢朓楼饯别校书叔云[唐]李白	A
十七	琵琶行（节选）[唐]白居易	B	十七	太常引·建康中秋夜为吕叔潜赋[南宋]辛弃疾	B	十七	菊花[唐]元稹	D
十八	野望[唐]王绩	C	十八	酒泉子·长忆观潮 [北宋] 潘阆	D	十八	行军九日思长安故园[唐]岑参	A
十九	过故人庄[唐]孟浩然	A	十九	登快阁[北宋]黄庭坚	C	十九	鲁山山行[北宋]梅尧臣	A
处暑	咸阳城东楼[唐]许浑	C	秋分	长安秋望[唐]杜牧	B	霜降	山行[唐]杜牧	B
廿一	金缕衣[唐]杜秋娘	C	廿一	夜雨寄北[唐]李商隐	A	廿一	雁门太守行[唐]李贺	D
廿二	送杜少府之任蜀州[唐]王勃	B	廿二	菩萨蛮·平林漠漠烟如织[唐]李白	C	廿二	山中[唐]王维	B
廿三	送友人[唐]李白	C	廿三	白雪歌送武判官归京（节选）[唐]岑参	C	廿三	江上[北宋]王安石	A
廿四	长沙过贾谊宅[唐]刘长卿	A	廿四	羌村三首（其三）[唐]杜甫	D	廿四	渔家傲·秋思 [北宋] 范仲淹	C
廿五	剑门道中遇微雨[南宋]陆游	D	廿五	登高[唐]杜甫	A	廿五	夜书所见[南宋]叶绍翁	C
廿六	秋夜将晓出篱门迎凉有感（其二）[南宋]陆游	D	廿六	苏幕遮·怀旧[北宋]范仲淹	A	廿六	丑奴儿·书博山道中壁[南宋]辛弃疾	D
廿七	天净沙·秋思[元]马致远	B	廿七	相见欢·金陵城上西楼[宋]朱敦儒	D	廿七	寒菊[南宋]郑思肖	C
廿八	天净沙·秋[元]白朴	D	廿八	声声慢·寻寻觅觅[宋]李清照	C	廿八	潼关[清]谭嗣同	B
廿九	画鸡[明]唐寅	B	廿九	狱中题壁[清]谭嗣同	D	廿九	题秋江独钓图[清]王士祯	D
三十	满江红·怒发冲冠[南宋]岳飞	A	三十	木兰花·拟古决绝词柬友[清]纳兰性德	D	三十	浣溪沙·身向云山那畔行[清]纳兰性德	C